질리지 않는
진리 이야기 **2**

《실행론》으로
풀어 쓴 짧은 소설

# 마
# 음,

# 놓다

질리지 않는
진리 이야기 2

《실행론》으로 풀어 쓴 짧은 소설

# 마음,
# 놓다

정유제 지음

해인행

# 글을 시작하며

불교의 가르침이 어렵다고 합니다. 쉽다고 하는 사람도 더러 있습니다. 그러나 어느 쪽 주장이 맞거나 옳다고 단정하기도 쉽지 않습니다. 불교를 받아들이는 자세, 이해하는 정도, 느끼는 차이의 다름이 있어 생각도 제각각이기 때문일 것입니다.

회당 대종사의 가르침 중에서 첫손에 꼽을 수 있는 점도 여기에 있다고 봅니다. 불교의 생활화와 생활의 불교화를 위해서는 대중화 하는 것이 먼저라는 생각을 한 것입니다. 대중화를 위해서는 가르침도, 배움도 쉬워야 한다는 믿음이 앞섰습니다. 그래서 일찍이 한글화를 시도했습니다. 한자투성이의 경전을 한글로 번역하고 출판해 보급했습니다. 어려운 용어를 쉽게 풀어서 정리하고 전달하고자 했습니다. 문맹퇴치를 위한 교육도 앞세웠습니다. 때로는 노래로 만들어 가락에 실어 가르치려고도 했습니다.

"불법은 체요, 세간법은 그림자라.", "불교는 교리자체가 자기반성과 자기비판으로 참회와 실천이 주목적이기 때문에…인간세계는 무시하고 후세 극락에만 치중하는 불교라고 하겠습니까?", "부끄러운 그른 마음 없게 함이 계행이라.", "하루 속히 우리 국토의 풍토성과 우리 민족의 혈지성에 맞는 불교를 선택 신앙하여 불국토를 이룩함…."

《실행론》을 풀어서 쓴 짧은 소설 '마음, 놓다'도 이러한 마음으로 밀교신문에 연재를 시작했습니다. 《실행론》이 결집되자 해설로, 시詩

로, 짧은 소설로, 그림으로 대중들에게 소개하고 싶은 서원에서 시도됐던 불사였습니다. 그 열망의 결과물 하나를 이제 짧은 소설 한 권으로 내려놓습니다.

진각성존 회당 대종사의 자증교설을 집대성해 놓은 《실행론》은 삼밀관행으로 심인을 밝혀 육행을 실행하는 수행이 생활불교요, 실천불교라고 가르치고 있습니다. 이러한 생활불교, 실천불교의 심인진리가 보편적 진리로 천년, 만년 이어져 생명 있는 모든 이들이 희락喜樂의 생활을 하며 밀엄密嚴의 정토에서 탑주塔主처럼 우뚝 서서 주인공으로 살게 되기를 서원합니다.

누군가를 만나면 조심스럽게 명함을 내미는 것이 우리 사회의 풍토이기도 합니다. 이 시대의 진언행자들과 앞으로 진언행자가 될 미지의 독자들에게 손 맞잡아 인사하듯이 이 책을 건넵니다. 모두가 진언수행과 육행실천을 하면서 행복하고 즐거웠으면 좋겠습니다.

이 책을 읽는 독자들에게 이 짧은 소설이 꼭 필요한 이야기이자 위로받을 수 있는 것이었으면 좋겠습니다. 짧은 소설을 읽고 함께할 독자 여러분들에게 미리 감사의 인사를 건넵니다. 작품이 작가의 품을 떠나 독자들 곁으로 다가갈 수 있도록 도움을 주신 도서출판진각종해인행 관계자에게 감사드립니다.

2020년 10월 정유제

# 글 싣는 순서

# 01

## 길 위에서의 깨달음

　모든 것이 아득했다. 길은 방향을 가늠할 수 없을 정도로 가
뭇없고, 가리사니가 잡히지 않아 요동치는 마음은 걷잡을 수 없
을 정도로 방망이질을 해댔다. 낯선 곳에 내동댕이쳐진 것처럼
공포에 온 몸이 가력된 듯했다. 눈앞이 캄캄해지면서 더 이상 운
전을 할 수가 없을 지경이었다.

　진이가 집을 나설 때까지 모든 것은 지극히 정상적이었다. 여
름휴가가 끝날 즈음 1박 2일을 계획하고 서천을 향해 출발했다.
혼자 떠나는 길이라 준비할 것도, 달리 챙겨야할 물건도 그다지
없었다. 초행이라 내비게이션만 믿고 무작정 떠났다. 집 앞에서
바로 올라탈 수 있는 간선도로를 달리다가 고속도로로 갈아탄 뒤
한참까지도 도로는 아주 한산했다. 탄탄대로라는 것이 이런 것

을 두고 하는 말인가, 싶은 마음이 들 정도였다. 긴장이 풀리자 출발하기에 앞서 아내에게 혼자 조용한 여행을 하고 오겠다는 말을 쉬 내뱉지 못해 머뭇거리며 망설였던 순간들이 떠올랐다. 조금 미안할 뿐이었지, 결코 숨길 일도 아니었는데, 하는 마음이 들며 피식 웃음이 났다.

진이가 살아온 길이야말로 어머니가 살아 계실 때까지는 탄탄대로였다. 늘 상위권을 웃도는 학교성적 덕분에 형제자매들 중 어머니의 귀염을 독차지했다. 그런 까닭에 어머니는 크게 넉넉한 생활은 아니었지만, 진이에게 남부럽지 않을 정도의 지원을 아끼지 않았다. 이웃 사람들의 칭찬도 마주칠 때마다 쏟아졌지만 진이는 우쭐댄다거나 거드름을 피우지 않아 그야말로 착한 모범생이었다.

진이를 남부러울 것 없는 모범생으로 키우는 것은 어머니의 바람이자 집념이기도 했다. 어머니가 그 서원의 무게를 지탱할 수 있었던 힘의 원천은 육자대명왕진언 옴마니반메훔을 염송하는 진리생활이었다. 오십여 년 동안의 수행을 한 치도 흐트러짐 없이 고집스럽게 이어온 어머니는 농사일이 아무리 바빠도 심인당 자성일불사에 빠지지 않는 것을 제1의 원칙으로 삼고 있었다. 눈길에 버스가 다니지 않겠다 싶은 날이면 왕복 사십 리 시골길을 걸었다.

그도 여의치 않을 때는 불사시간에 맞춰 혼자 집에서라도 《진각교전》을 읽고 육자대명왕진언 옴마니반메훔 염송을 하며 공식

불사시간에 참석한 것처럼 똑 같이 했다. 진이 어머니가 그토록 진리생활에 매달리는 까닭은 나름대로 터득한 증득이 있었기 때문이었다. 그 결과가 진이였다.

"다음 500미터 앞에서 오른쪽 고속도로 출구로 나가십시오."

비록 기계음이기는 하지만, 내비게이션에서 흘러나온 매혹적인 여성의 목소리에 화들짝 놀란 진이는 길가 도로표지판을 확인하지도 않고 운전대를 꺾어 우회전했다. 고속도로를 벗어나자 이어지는 지방도로는 생소하기 짝이 없었다. 사실 전국적으로 아는 길이 얼마 되겠냐 싶을 정도로 길에 관한 한 백치에 가까웠다. 하지만 내비게이션을 믿어야할 수밖에 없다는 생각이 들 때마다 저당 잡힌 처지가 된 듯해 기분이 살짝 나빠지기도 했다. 고속도로를 좀 더 달려서 빠져나가는 길도 있을 것인데 하는 돌이킬 수 없는 후회와 이 도로가 가고자 하는 길이 맞는가 하는 마음이 갈마들면서도 내비게이션이 일러주는 대로 내달릴 수밖에 없었다. 달리 상황판단을 할 능력이 없었다. 지방도로인지라 포장은 그런대로 잘돼 있어 다른 걱정은 들지 않았다. 다만 알지 못하는 길을 내달리는 두려움이, 가뜩이나 길치인 진이를 곱송그리게 했다. 이따금 만나는 도로표지판에 적힌 지명도 도무지 알 수 없었다. 중요한 것은 목적지 서천이라는 지명이 눈을 씻고 찾아봐도 보이지 않는다는 점이었다.

어려움에 처할 때마다 항상 생각나는 것은 어머니였다. 진이가 대학을 졸업하고 취직을 해서 직장생활을 시작한 지 6년 째 되던 해 어머니는 세상을 떠났다. 진이는 눈앞이 캄캄했다. 어머니의 말이라면 무엇이든 한 치의 망설임도 없이 곧이곧대로 믿고 따르며 그대로 행동에 옮겼던 진이였기에 공황상태는 오래 갔다. 텅 빈 들판에 홀로 내동댕이쳐졌다는 느낌은 호사스런 생각일 정도로 극심한 혼돈상태에 빠져든 것이다. 지나치다 싶을 정도로 어머니에게 전적으로 의존했던 지난날에 대한 반성도 뒤따랐지만, 돌이킬 수 없는 현실 앞에서는 속수무책이었다. 어머니의 존재를 청산하고 홀로서기까지는 한참의 시간이 걸렸다. 정신을 가다듬고 예전 같은 일상으로 돌아올 수 있었던 계기는 어머니가 그토록 믿고 의지하며 매달리다시피 했던 것이 심인진리라는 인식을 한 뒤였다.

"GPS 정보를 다시 확인합니다. 목적지 정보가 바르게 입력됐
는지 확인하시기 바랍니다."

내비게이션에서 이상한 소리가 들려오는 순간 도로 끝이라는 안내판이 앞을 가로 막아섰다. 막다른 길이었다. 더 이상 길이 없었다. 절개지 앞에서 허탈감이 들었다. 모든 것을 포기하고 차를 되돌리기에는 너무 멀리 와 버린 듯싶었다. 진이는 하는 수 없이 왔던 길을 되돌아 나가며 새로운 이정표를 찾아볼 요량으로 차

를 돌렸다. 달리 방법이 없었다. 그동안 왔던 길을 되돌아가기 시작한지 10여 분도 지나지 않아 내비게이션은 이제 우회전을 명령했다. 비포장도로가 보였다. 내비게이션을 믿지 않고는 어떻게 할 도리가 없어 이번에도 무작정 우회전을 했다. 크게 요동치는 차는 속도를 낼 수도 없었다. 길 위의 돌이 튀어 올라 차 바닥에 부딪히는 소리가 요란하게 들려왔다. 가슴이 철렁했다. 앞서가는 차는커녕 뒤따르는 차도 한 대 없었다. 나 홀로 외로운 전진을 하는 사이 고개도 세 개나 넘었다. 내비게이션은 더 이상 말을 하지 않았다. 먹통이 된 듯싶었다. 핸드폰 안테나마저 하나도 뜨지 않았다. 설사 핸드폰이 살아 있다손 치더라도 위치정보를 알 수 없으니 누구에게 도움을 요청하기도 난감한 일이었다. 엎친 데 덮친 격으로 날까지 어둑어둑해져 왔다. 그야말로 이 난국을 어떻게 헤쳐 나가야할지 대략난감이었다. 내비게이션이 원망스럽기도 했지만 당장 어떻게 해서는 안 되겠기에, 나중에 반드시 박살을 내버리겠다고 우격다짐을 하며 치밀어 오르는 화를 꿀꺽 삼켰다. 주변을 맴돌고 돌아서라도 결국 어느 순간에는 가까스로 목적지에 도착시켜 준 때도 더러 있었기 때문에 이번 목적지에 도착할 때까지만 참기로 하고 이를 악물었다.

아내에게 미안한 마음이 먼저 들었다. 혼자 즐기겠다는 것은 아니었지만 모처럼 홀가분하게 나선 여행이었기에 서운해 할 수도 있는 아내의 마음을 미처 헤아리지 못한 후회와 참회의 마음이 스멀스멀 온 몸을 엄습했다. 이 또한 돌이킬 수 없는 일이라 일단은 잊어버리기로 했다. 지금은 무엇보다도 길을 찾아서 서천에 도착하는 일이 급선무이기에 다른 생각에 사로잡혀 머뭇거리고 있을 수만은 없는 형편이었다.

세상을 떠나기 전 진이의 아내가 될 사람으로서 각이를 처음 본 어머니의 첫 번째 질문도, 혼인을 허락하는 조건도 심인당에 나가는 것이었다. 뱃속에서부터 심인진리를 믿었기에 항상 불공을 해주어야 아들 진이의 앞날이 탄탄하다는 주장이었다. 그러면서 당신이 이 세상에 없을 때를 대비해 불공을 해줄 수 있는 아내를 찾아야 한다는 것이었다. 나중에야 자식들이 해줄 수도 있겠지만, 자식들이 심인진리를 믿고 불공할 정도로 자라기 전까지는 마땅히 아내가 해야 한다는 논리였다. 어머니의 그 말에 아내는 선선히 따르겠다고 하면서 혼인은 성사됐다. 나에게 세뇌된 탓이었다.

그러나 시집을 온 뒤로 아내는 시어머니와 떨어져 있다 보니 가끔 어기는 경우가 있었다. 그럴 때마다 어머니는 때를 놓치는 법 없이 전화로 아내를 몰아세웠다. 그러면서 진이에게도 별도로 타일렀다. 스스로 하는 불공이 최고라고…. 은근한 압력이었다. 아내를 믿고만 있어서는 안 되겠다는 나름대로의 방책이기도 했지만 궁극적으로 바라는 바이기도 했다. 그렇지만 진이 역시 늘 바쁘다는 핑계로 심인당을 자주 찾지도 못했고, 집에서나마 염송을 제대로 하지도 않았다.

어머니가 바라는, 스스로의 신행생활을 이제는 해야 되겠다고 생각하는 그 때 비포장 길이 끝나는가 싶더니 포장된 지방도로가 다시 나타나면서 이정표가 눈에 들어왔다. 서천이라는 지명도 또렷하게 보였다. 많이도 돌아온 듯 했다. 순간 눈이 확 열리면서 마음이 가벼워지고 몸은 편안해지는 것을 느낄 수 있었다. 눈이 뜨였다. 참회도 됐다. 매일 아침마다 잠자리를 박차고 일어나면서 뜬눈이 육체의 눈이었다면, 지금 뜬눈은 깨달음의 눈이 아닐까 하는 생각이 혹 끼쳐왔다. 어머니가 간절하게 보고 싶었다.

《실행론》으로 배우는 마음공부 ❶

말법시대 불교는 다라니로써 흥왕함 ①

"내 마음에 본래 있고 다른 데서 못 얻으니 이 때문에 그 이름을 부전不傳이라 이름 하니 삼매왕三昧王인 불심인佛心印은 글과 말로 못 전하고 심心의 본구本具 점시點示함을 전했다고 말함이라. 정상말正像末의 흥폐興廢 있는 현교顯敎와는 정히 달라 밀密은 상주불변常住不變이라 때가 없고 가림 없네. 죄업 중생 위하여서 평등하게 설說한 고로 부끄럽고 그른 마음 없게 함이 계행戒行이라."

《실행론》1-1-1 (나)

## 02
### 평상심을 일깨우는 힘

　이 상황을 어떻게 설명해야 할까? 어떠한 말로도, 단 한마디로 단정해버리기에는 양이 차지 않는다. 혼돈도 이런 혼돈이 없을 것이다. 혼돈이라고 단순하게 치부해버리기에도 너무나 낯선 느낌이다. 어떤 휘둘림에 의해 앞도, 뒤도 분간할 수 없는 지경이다. 보다 더 정확하게 말하면 군대 훈련병시절 화생방훈련장이던 가스실에서 겪었던 바처럼, 몽롱한 상태로 가리사니가 서지 않던 그 순간과도 같다는 표현이 맞을 것이다. 지금 생각해도 오금이 졸아드는 기억이지만, 그 당시 가스실에서 겪었던 그 경험은 딱히 한 마디로 표현할 수 없는 오묘한 경계선상의 일이었다. 정신줄을 놓지도 않고, 그렇다고 온전하지도 않은 상태의 경계…. 실제로 경험해보지는 못했지만, 죽음 이후의 세계에서 중음신이 처한 입장이 그런 것은 아닐까 하는 생각을 종종 했다. 지금이 딱 그렇다. 진이는 얼어붙은 자리에서 한 발짝도 움직일 수가 없었다.

중국여행길에 비림을 구경하고 나와서 길을 잃어버렸다. 비림 앞과 옆으로 늘어선 거리에는 좌판을 놓고 붓과 벼루며 먹 등을 파는 상인들이 줄지어 늘어서 있었다. 진이는 일행들과 좌판을 둘러보며 한참을 걷다가 마음에 드는 붓 한 자루를 발견했다. 진이는 마음이 동해 한 치의 머뭇거림도 없이 그 앞에서 걸음을 멈췄다. 얼마냐고 물어보려던 순간 가이드의 말이 떠올랐다. 길거리에서 물건을 고르고 살 때는 조심을 해야 된다면서 들려준 말이었다. 댓바람에 흥정을 시작하지 말고 어느 정도 뜸을 들이다가 관심 없다는 듯이 지나쳐가면서 설핏 가격을 물어보고 사는 것이 좋다는 것이었다. 진이는 그 말을 좇아 한참이나 딴전을 피다가 어렵게 마음에 들었던 붓을 사서 기분 좋게 일행들이 지나쳐 갔을 길을 따라 천천히 구경하며 걸었다. 한참을 가도 일행들은 보이지 않았다. 급한 마음이 들었다. 잰걸음으로 길을 재촉하다보니 좌판이 늘어선 거리 끝에 굽어진 찻길 터널이 나타났다. 터널 앞으로 다가가자 교통경찰이 가로막았다. 진이는 일행들도 되돌아 나왔을 것이라는 생각을 하며 하는 수 없이 길을 되돌아서며 옆으로 난 길이 있는지를 살폈다. 어느새 붓을 샀던 좌판 앞이었다. 어리둥절해지기 시작했지만, 마음을 다잡고 비림 입구 쪽으로 내달렸다. 비림 입구에 서서 한참을 망설일 때 왼쪽으로 꺾어진, 가지 않았던 새로운 길이 눈에 들어왔다. 진이는 일행들이 그 쪽을 구경하고 있을지도 모른다는 생각에서 콩닥거리는 가슴을 진정시키며 다시 발걸음을 떼어놓았다. 눈을 부릅뜨고 한 사람, 한 사람 뜯어보다시피 하며 한참을 가도 일행들은 눈에 들어오지 않았다. 손에 쥐고 있는 붓 때문에 이 지경이 됐지만, 그렇다고 붓이 원망스럽다거나, 버릴 마음은 없었다. 진이는 오히려 붓을 든 손을 더 꽉 거머쥐었다. 그 길 막다른 곳에서 진이는 다시 발길을 되돌리지 않을 수 없었다. 또 다시 비림 입구에 섰다. 머릿속이 몽롱해지면서 온 몸이 부들부들 떨리고 발바닥은 길에 눌어붙어 버렸다.

그 순간에도 진이는 과거 어느 때 이런 일을 겪었던 듯 묘한 감정에 사로잡혔다. 길을 잃었던 상황은 아니지만, 반복되는 혼돈의 순간과도 같은, 일종의 늪을 지나고 있다는 느낌이 들었다. 어떤 순간 아련한 기억 속의 일을 다시 꺼내서 겪고 있는 것처럼 여겨진 것이다. 환영과도 같은 사태를 직면하고 있는 기분이기도 했다. 이런 환영에 휩싸여 있다가 시나브로 제자리로 돌아가며 허상에서 놓여나는 찰나는 싱겁기 그지없었다. 잠을 자다가 허깨비에 압도당해 가위눌렸을 때처럼, 중요한 것은 호흡을 가다듬고 가만히 있으면서 시간이 지나야 된다는 사실도 터득했다. 허영에서 벗어나려고 억지로 발버둥을 쳐봐야 헛발질일 수밖에 없다는 경험으로 미루어 기다리는 수밖에 없었다. 나약한 인간으로서 스스로 할 수 있는 힘이 아무 것도 없다는 것을 누구이 겪어봐서 알았던 터다. 진이는 자리에 풀썩 주저앉았다.

혼이 빠져나간 듯 했다. 온 몸이 짓이겨진 것처럼 힘이 없고 정신은 더욱 혼미해져 갔다. 그러는 가운데 일행들이 자기를 얼마나 찾을까 하는 걱정도 덤으로 엄습해왔다. 일행들을 제대로 따라다니지 못한 미안한 마음도 들었지만, 좁은 골목길을 헤매고 돌아다니는 자신이 초라해 보이기까지 하면서 오줌까지 지렸다. 게다가 눈썹미조차 없는 창피함도 폐부를 파고들어 감당할 수 없는 황당함에 하늘이 노랗게 보이기까지 했다.

"옴마니반메훔, 옴마니반메훔, 옴마니반메훔…."

진이는 기력이라고는 하나 없이 주저앉은 자리에서 마음속으로 옴마니반메훔 염송을 했다. 진이는 한참을 그렇게 있다가 하염없이 그 자리에 눌러앉아 있을 수가 없어 몸을 일으켰다. 비림을 구경하고 나와서 일행들과 함께 걸어갔던 기억을 더듬으며 휘청거리는 다리를 이끌고 길 가장자리에 늘어서 있는 좌판 사이로 다시 걸음을 옮겼다. 문제의 붓을 샀던 좌판까지는 또렷하게 기억됐다. 그곳에서 멈칫하다가 가던 길을 재촉했다. 조금 전까지는 보지 못했던 사이 길이 여러 갈래로 나 있는 것이 눈에 들어왔다. 그렇다고 이곳저곳을 다 돌아볼 시간이 없을 듯해 곧장 앞으로만 걸었다. 길 끝에 차들이 다니는 굽은 터널이 다시 나타났다. 막다른 곳에 다다르자 다시 막막해졌다. 그런데 터널 옆으로 나 있는 좁은 인도가 그제야 보였다. 왜 저 길을 미리 보지 못했을까 하

는 어리석음을 질타하며 곧장 그 길로 접어들었다. 터널 옆으로
는 꾀 넓은 강이 있었다. 터널은 차가 다닐 수 있는 다리이고, 좁
은 길은 사람이 강을 건널 수 있는 다리 역할을 하고 있었다. 망루
를 위에 이고 있었기 때문에 터널은 산을 뚫고 낸 길처럼 길고 어
두운 굴 같아 보일 뿐이었다. 터널 옆 모퉁이를 돌아서자 다리가
끝나는 지점에 있는 광장이 나타나면서 일행들이 타고 왔던 관광
버스가 보였다. 강과 터널을 경계로 이쪽과 저쪽을 나누고 있었
을 뿐만 아니라 높다랗게 다리 위에 올라앉아 있는 망루 때문에
뒤편의 광장이 보이지 않았던 것이다.

진이는 한숨을 길게 내쉬며 관광버스가 주차해 있는 곳으로
다가갔다. 관광버스 운전기사들이 버스에서 멀리 떨어진 나무그
늘 아래 서 있는 것이 보였다. 일행들이 아직 도착하지 않았다는
것을 직감으로 알 수 있었다. 진이가 관광버스 앞으로 다가갔을
때 차 문도 닫혀 있었다. 차안에 타고 있는 사람도 없었다. 진이는
관광버스 운전기사들이 서 있는 곳에서 좀 떨어진 나무그늘을 찾
아 의자에 앉았다. 순간의 현기증 같은 것이 사라지면서 마음이
놓여 굳었던 얼굴까지 확 펴지는 느낌을 받았다.


"옴마니반메훔, 옴마니반메훔, 옴마니반메훔…."


진이는 옴마니반메훔 염송을 하면서 어이없는 한 때를 되돌
려 생각해 보았다. 낙오자가 될 뻔한 아찔한 기억이 생생하다 못

해 마치 지독한 악몽을 꾸었던 것처럼 몸서리쳐지게 느껴졌다. 낯선 곳에서 순간적으로 당한 허둥거림이 감주 먹은 고양이상 같다는 생각으로 되돌아오기도 했다. 조금만 더 침착했더라면 하는 생각도 들면서 길치인 자신이 어이없게 여겨지기도 했다. 어머니의 태중부터 마음 속 깊이 새겨 놓고 늘 염송했던 육자대명왕진언 옴마니반메훔의 힘으로 미아위기에서 벗어났음을 생각하며 안도했다. 그 때 오줌을 지렸던 생각에서 바지를 내려다보았다. 어느 새 바지는 말라 있었다. 얼룩도 지지 않아 다행이다 싶었다. 그제야 혼돈상태에서 벗어나 제법 느긋한 마음으로 붓을 싼 신문종이를 벗겨내자 고양이털로 만들었다는 하얀 붓끝이 햇살을 받아 반짝거렸다. 진이는 문제의 붓을 가슴에 안고 붓 대롱에 가볍게 입술을 가져다댔다.

《실행론》으로 배우는 마음공부 ❷

말법시대 불교는 다라니로써 흥왕함 ②

"다라니陀羅尼를 내 마음에 새겨 있는 불심인佛心印은 능히 선善을 나게 하고 능히 악惡을 막아낸다. 누구라도 악한 일을 안 하려고 작정하면 능지能持 능차能遮 다라니는 능히 악을 막아낸다."

《실행론》1-1-1 (가)

## 03
### 박제된 개미 눈뜨다

거대한 건물 외벽이 숨을 쉬는 듯 움직이고 있었다. 순간 혼수는 눈을 의심했다. 아무리 잘 지어진 초현대식, 최첨단 건물이라도 그렇지 외벽이 움직일 수 있다는 사실에 아연실색할 따름이었다. 도무지 믿기 어려운 찰나의 당혹스러움 앞에서 혼수는 습관대로 왼손 엄지손가락을 구부려 안경 밑으로 밀어 넣고 눈 가장자리를 문질러 눈곱을 떼어냈다. 눈은 그러기 전보다 시원한 듯 하며 크게 떠졌다. 안경을 콧등 위로 밀어 올리며 건물 외벽을 다시 살펴보았다. 조금 전까지 몸을 잔뜩 움츠리고 앉아 있었던 PC방과는 달라도 너무나 다른 바깥세상이 생경스럽기까지 했다.

혼수는 간밤 동안 한숨의 잠도 이루지를 못했다. 세상 근심은 모두 다 끌어안고 살아가는 성자처럼 이런 저런 잡생각을 하다가 스스로도 주체하지 못할 나락으로 떨어지고 만 것이다. 되는 일 하나 없이 이냥저냥 하루하루를 연명하고 있는 자신이 한심스럽 기도 했다. 그러다 보니 허무맹랑한 생각만 늘어났다. 되는 사람 은 어디에서 무엇을 하던 생각대로 되는데, 안 되는 사람은 아무 리 발버둥을 쳐도 안 된다는 사실이 한스럽기까지 한 것이다. 되 는 사람은 또 사람을 끄는 재주도 있지만, 안 되는 사람은 그나마 모여 있던 사람도 흩어버리는 오물덩어리 같은 존재처럼 생각돼 스스로가 몸서리 처지게 싫었다. 그러한 자신을 자조하게 되면서 부터 혼수는 실팍하게나마 남아 있던 자신감마저 잃어버렸다. 그 야말로 재수에 옴 붙은 인생이라고 치부하게 되면서부터 인생은 더 꼬여드는 듯 했다. 반죽된 꽈배기 틈바구니 속으로 기어 들어 갔다가 미처 빠져나올 길을 찾지 못해 우왕좌왕하는 사이 꽈배 기와 함께 튀겨져버린 개미인생을 떠올리기까지 했다. 대학 졸업 후에 취직을 못하고 빈둥거리는 이가 한둘이 아니건만 언제까지 이어질지도 모르는 막연한 미래가 불안해 머릿속은 온갖 불길한 생각으로 가득 차 버린 지 오래다. 그래서 우울증까지 걱정해야 할 형편이다 보니 스스로 생각하기에도 심각한 정도가 이미 도를 넘은 듯 했다.

혼수는 아침에 집을 나서자마자 PC방을 찾아 들어갔다. PC 방은 누구에게도 구애받지 않고 시간을 보내기에 안성맞춤이었 다. 마음이 달뜨지 않게 짓눌러 주는 어두컴컴한 실내분위기도 좋았다. 빈 좌석을 확인한 다음 컴퓨터를 로그인하고 돈을 지불

하면 누구에게도 침범 받지 않을 혼자만의 세상으로 떠날 준비가 된 것이다. 그 때문에 PC방은 혼수와 같은 사람들에게는 사이버 토피아로 자리 잡은 지 오래다. 혼수는 순간의 망설임도 없이 짜인 일과를 좇아가듯 바탕화면에 깔려 있는 아이콘을 뒤져 게임을 시작했다. 그런데 어쩐 일인지 순간 무기력한 느낌이 들면서 순식간에 의욕이 떨어졌다. 보통 두세 시간은 족히 하던 게임이었는데도 갑자기 흥미가 떨어져 버린 것이다. 제어되지 않는 찰나의 감정이었다. 혼수는 이내 게임사이트를 닫아버리고 다시 바탕화면의 아이콘을 살피다가 광고배너로 떠있는 운세모음사이트를 찾아 클릭했다. 무료 운세사이트가 몇 개 달려 있었다. 게임은 몰라도 이런 것에까지 사이버머니를 투자한다는 것은 아무래도 내키지 않았다. 그러다 보니 돈을 들이지 않고 입에 맞는 떡을 구하기 어렵듯이 늘 만족스럽지가 않았다. 역시나 마찬가지였다. 이 또한 되는 일이 없는 일 중의 하나였다. 역시 돈이 필요했다. 직장은커녕 변변한 아르바이트도 구하지 못한 주제에 돈타령도 한두 번이지…. 삶이 지겹다는 생각마저 들었다. 다음으로 찾아 들어간 사이트는 구인구직사이트였다. 일자리는 언제나 널려 있었다. 그러나 딱히 마음이 동하는 일자리는 없었다. 왼 손으로 턱을 괴고 실망이 가득 실린 흐릿한 눈으로 사이트를 내려 보던 중에 새로운 사이트가 하나 떠올랐다. 쏟아지는 잠을 이기지 못해 스르르 눈이 감기면서 까딱하고 고개를 내려뜨린 찰나 마우스를 쥔 오른 손 검지에 힘을 실었던 모양이었다. 뭔가 싶어 고개를 들고 눈을 크게 떴다.

"내 마음에 본래 있고 다른 데서 못 얻으니/ 이 때문에 그 이름을 부전不傳이라 이름하니/ 삼매왕三昧王인 불심인佛心印은 글과 말로 못 전하고/ 심心의 본구本具 점시點示함을 전했다고 말함이라.//"

　도통 무슨 말인지 알 수가 없었다. 혼수는 다시 졸리는 상황을 주체하지 못하고 컴퓨터 책상에 머리를 박고 눈을 감았다. 구인직종에 맞춰 아흔 여덟 번째 고쳐 쓴 자기소개서가 잠결에도 나타나 머릿속을 헤집으며 떠 다녔다. 평소에는 외우다시피 할 정도로 또렷하게 기억됐던 자기소개서 문구가 잠들기 전 방금 본 사이트의 글과 혼용이 돼 뒤죽박죽이 돼버렸다. 꽈배기 속에서 박제된 개미 꿈까지 꾸다가 화들짝 놀라 잠에서 깼다.
　다시 눈을 뜬 혼수는 어떻게 찾아졌는지도 모르게 눈앞에 떠 있는 사이트의 글을 속없이 읽어보았다. 처음에는 도대체 무슨 말인지도 모를 정도였으나 짧은 글이라 몇 번을 반복해서 읽다보니 읽는 맛이 느껴졌다. 마치 안개가 걷히면서 그 뒤에 버티고 서 있던 산이 조금씩 모습을 드러내 속살을 보여주듯이 글은 매력이 있어 보였다. 한자 어투와 생전 처음 대하는 용어들이라 뜻은 감조차 잡을 수 없었지만, 묘하게 눈길을 끄는 마력 같은 것을 느낀 것이다. 맛있는 글이라는 생각이 들자 그동안 16년 여간 다닌 학교에서는 일찍이 한 번도 경험하지 못했던 이상한 생기가 도는 것을 느꼈다. 몽롱하던 정신도 맑아지는 듯 하고, 눈꺼풀에 짓눌려 침침하던 눈도 밝아진 듯 했다. 이상한 경험이라고 생각하는 순간 몸이 더워지듯 하면서 글 아래 덧붙여 있는 해설도 보이기 시작했다. 중생이 어쩌고저쩌고 하는 어려운 말은 몰라도 누구에게나 태어날 때 본래부터 갖추어져 있다는 온전한 것이니, 뭐니 하는 말들은 이해가 되는 듯도 했다. 스스로가 모든 것을 갖추고 있으며, 스스로가 중요하다는 것을 말하고 있는 것임이 분명해 보였다. 누구나 가진 만큼, 할 수 있는 만큼, 분수대로 주변과 어울려 살아가라고 덧붙여서 한 말에도 마음이 동했다.

순간적으로 달아올랐던 몸의 열이 삽시간에 가라앉으면서 허기가 몰려왔다. 몸은 허공으로 치솟았다가 바닥으로 연착륙해 내려앉은 기분이었다. PC방을 나선 혼수는 비라도 쏟아져 내릴 것처럼 어둑한 바깥풍경과 맞닥뜨렸다. 그 순간 건물 외벽에서 연출되고 있던 분위기에 압도당한 것이다. 건물 외벽에서는 연말연시를 기념해 치장해 놓은 휘황찬란한 네온사인이 눈을 현혹시켰다. 혼수가 마주하고 있는 건물 외벽은 불빛을 뿜어내고 있는 대형 꽃문양이 2열종대로 붙어 있었다. 꽃문양 사이와 양옆으로는 막대 문양의 발광시설물이 촘촘히 박혀 있어 점멸효과를 내며 폭포에서 떨어지는 물을 연상케 아래로, 아래로 흘러내리게 설치된 듯 했다. 그 효과의 반대급부로 꽃문양은 되레 하늘로 날아오르는 착시현상을 노리게 한 것 같았다.

눈에 보이는 것에는 가식도 있고, 눈을 홀리게 만드는 착시효과도 있다. 누구에게나 똑 같이 주어진 상황이라 할지라도 받아들이는 사람의 마음상태나 조건에 따른 생각의 차이와 자세에 따라 피사체는 얼마든지 다르게 보이고 다르게 느껴질 수 있는 법이지 않는가. 중요한 것은 보이는 현상, 껍데기만을 보고 판단할 것이 아니라 속을 들여다봐야 한다는 깨달음이 들었다. 내 마음에 본래 있고 다른 데서 못 얻으니…. PC방 사이트에서 보았던 글의 의미가 더욱 또렷하게 각인됐다. 배가 몹시 고팠다. 식당을 찾아 발걸음을 내디디면서 혼수는 가진 만큼, 할 수 있는 만큼, 분수대로 주변과 어울리면서 순간순간 최선을 다하고 살아가자는 다짐을 하고 또 했다.

《실행론》으로 배우는 마음공부 ❸

### 진언은 진실한 법

"진언眞言은 불佛의 참된 말씀이니 그 속에는 실로 무량한 공덕이 포함되어 있다. 중생의 얕고 가벼운 지식으로는 쉽사리 상상조차도 할 수 없는 영묘불일靈妙佛日의 진실한 말씀이다. 중생들의 말 속에는 속임과 거짓이 많으나 불佛의 말씀에는 거짓이 없다. 중생들을 속이지도 않으며 정확하고 진실한 법이니 외우기만 하면 공덕은 저절로 일어난다."

《실행론》1-1-2 (가)

## 04
### 거짓부렁의 말로

    길은 어디에나 있다. 누군가가 개척해 놓은 길을 열심히 잘 좇아가는 사람 앞으로 길은 끝없이 이어지는 것이 세상의 이치다. 길 끝에 새로운 길이 항상 나있기 때문이다. 없는 길도 스스로 찾거나, 만들어 가는 사람 앞에도 길은 어디에나 있기 마련이다. 개척하면 새로운 길은 얼마든지 찾아지는 것이 순리인 까닭이다.

    그러나 잘 나가던 길 위에서 한 순간 제동이 걸려버려 뼈저린 시련을 겪어본 사람 눈에는 도무지 새로운 길이란 없어 보일 수 있다. 나약하거나 맥이 풀려서 더 이상 나아갈 길이 안 보일 수도 있고, 힘들거나 지쳐서 도무지 길을 좇을 수 없는 탓이기도 하다. 그들에게 새로운 길을 찾는 것은 막막하기만 할 뿐이다. 한 번 길을 잃고 천지사방을 둘러보았을 때 아무 것도 보이지 않는 그 자리에서 고약하게 맴돌기만 할 때도 다른 길은 그 어디에도 없어 보인다. 지나온 길에 과도하게 집착하거나 안주하는 사람들 앞에도 더 이상 새로운 길은 드러나지 않을 것이다. 이미 눈이 멀어버린 이유에서다.

일각수 영감의 경우가 그랬다. 일각수 영감은 가던 걸음을 멈추고 한숨을 내쉬었다. 턱밑에 귀를 바짝 갖다 대고 들어도 잘 들리지 않을 정도로 힘없고 맥이 빠진 한숨이었다. 걸을 힘도 없었지만, 걸어 가야할 길조차 보이지 않아 꼬꾸라질 듯 몸을 간신히 가누며 멈칫하는 순간 앞으로 기울었던 온 몸의 힘이 지팡이로 쏠렸다. 그 순간 몸 전체를 지탱하고 있던 지팡이보다 못한, 흐느적거리던 두 다리는 공중에 떠 있는 듯 달달 떨리기만 했다. 그것도 잠시 뿐, 지팡이를 잡고 있던 포개진 두 손바닥이 저릿하며 아파서 일각수 영감은 순간적으로 자리에 털썩 주저앉고 말았다. 덩치가 없어 땅바닥의 먼지조차 일지 않았다. 평소에 가지 않던 길을 따라 걷는 것은 역시 힘에 버거운 일이라는 게 뼈저리게 느껴졌다. 안 하던 일을 하는 것도 마찬가지라는 생각이 들었다. 모든 것이 되돌릴 수 없을 정도로 너무 멀리 와버린 듯해 남들에게는 들리지도 않을 한숨만 푸푸 흘렸다.

버킷리스트를 작성하려다가 집어치운 것은 한 달 전이었다. 남들처럼 품위 있고 행복한 죽음을 생각하며, 죽을 즈음 사랑하는 사람들이 곁에서 지켜봐 주었으면 좋겠다는 생각은 염치가 없어도 너무 없는 듯싶었다. 자기가 원한다고 해서 딱히 지켜봐 줄

이가 없는 까닭도 버킷리스트를 더 써 내려갈 수 없는 이유였다. 막막한 생각이 들었다. 미처 그러한 생각을 해보지 않았던 바는 아니었지만 막상 죽음을 생각하면서 자기 곁을 온전하게 지켜줄 사람 하나 없다는 사실은 새로운 불안감을 부추겼다. 행려병자로 떠돌다가 죽었을 때 그를 발견한 사람들이 신원을 확인하느라 수고로움을 더해 주는 것은 지금까지 지었던 업에 또 다른 하나의 업을 더할 뿐이라는 생각이 든 것은 그 순간이었다. 그렇다고 방 안에서 아무도 모르는 새 혼자 죽는다는 것도 서글프기는 매 한 가지일 듯했다. 새삼 끔찍한 마음이 들면서 머릿속은 하얗게 비어갔다.

"김 영감. 그동안 소원하였소.…내가 앞으로 살날이 얼마 남지 않은 듯하오. 아마 한 달 안에 죽을 것이오. 내가 죽을 때 임종을 해달라고는 하지 않으리다. 이 서신을 받고 한 달 후에는 내가 살던 집으로 찾아와서 뒤처리를 부탁하오. 염치없는 부탁인 줄은 아오나 피붙이 하나 없는 내가 마지막을 부탁할 데는 김 영감뿐이라서 그러는 게라오. 부디 부탁을 하오…."

버킷리스트 작성하기를 포기한 일각수 영감은 김중수 영감에게 편지를 썼다. 친구라 하더라도 다른 영감들은 모두 일각수 영감을 못마땅해 하면서 따돌림하기를 박 먹듯 했지만 김중수 영감만은 달랐다. 정곡을 콕콕 찌르는 바른 소리를 해대면서도 그나마 친구대접을 해주었던 까닭에 진심을 담아 편지를 쓴 것이다. 편지를 쓸 때는 답신을 보내오거나 한 번쯤은 방문이라도 해줄 것으로 은근히 기대를 했던 것도 사실이었다. 그러나 일주일이 지나도, 이 주일이 지나도, 한 달이 다 되도록 김중수 영감으로부터 소식은 감감했다. 그동안 김중수 영감에게 좋지 않은 일이 먼저 일어난 것은 아닌가 하는 걱정도 들었지만, 메아리 없는 아우성을 괜히 질러댔다는 사실을 깨닫는 순간 기다리던 기별이 왔다.

　"일각수 이 영감탱이야. 이제는 나에게 그런 거짓말까지 하기야. 이 망할 놈의 영감탱이, 하다하다 이제는 뭐, 죽는다고 송장 치워달라는 거짓말을 하기 까지 해. 이 영감탱이. 다시는 그런 편지고 뭐고 보내지 말아 이 영감탱이야. 죽고 나서야 그 못된 짓을 고치려나. 쯧쯧…."

　읍내 유치원에 다니는 이장 집 손자가 일각수 영감 집으로 찾아와서 전화가 와 있다고 기별해주었다. 일각수 영감이 방문을 열고 나서자 깡충깡충 뛰다시피 달아나 버린 이장 집 손자 뒤를 따라가 그 집 방문 앞에 엉거주춤 서서 수화기를 건네받았다. 일각수 영감이 여보…, 하는 순간 김중수 영감의 가시를 삼킨 듯 핏발 선 말이 귀가 먹먹하도록 쏟아졌다. 일각수 영감은 단 한 마디도 못한 채 듣고만 있다가 슬그머니 수화기를 이장 집 방문 앞마루에 내려놓고 말없이 돌아섰다. 마음이 아팠다. 김중수 영감이 무람없이 어떤 말 벼락을 내리치더라도 눈썹 하나 까딱하지 않았는데 그 전화를 받고 나서는 의기소침해서 말도 나오지 않았다. 오줌을 지리 듯 한 올 한 올 몸에서 빠져나가는 기력이 눈에 보이는 듯도 했다. 일각수 영감은 죽음이 눈앞에 와 있다는 것을 알고 진심을 다해 부탁했던 김중수 영감으로부터 호된 야단전화를 받고는 완전히 풀이 죽고 말았다. 김중수 영감이 만날 때마다 하루를 살더라도 제발 거짓말을 하지 말라고 했던 조언도 생각났다. 뻔한 거짓말을 왜 하냐고 하면서 다그치던 김중수 영감이었다. 거짓부렁이 몸에 밴 일각수 영감으로서는 저도 모르게 하게된 말이라 돌아서면 후회를 하면서도 무람없이 반복된 행동을 하곤 했다. 출생의 근본도 모른 채 머슴살이를 하며 나이 든 탓이었다. 열여덟 살 때 머슴 살던 집에서 나오고부터 정처 없이 이곳저곳을 떠돌며 홀로 살기 위한 수단으로 갖은 거짓말과 지키지 못할 약속을 밥 먹듯 했다. 순간순간의 위기에서 벗어나기 위한 궁핍한 처사였지만 금방 들통이 나버리곤 했던 거짓행동이 저도 모르게 이어지면서 만성이 돼버린 탓이다.

일각수 영감은 주저앉았던 자리에서 지팡이에 의지해 몸을 일으키려고 애를 썼다. 기력이 떨어져 달달 떨리는 두 다리에 힘을 주려고 안간힘을 써보았지만 더 이상 힘을 쓸 수가 없었다. 순간 졸리듯 눈이 감기면서 헛것이 보였다. 그 때 무서운 얼굴을 한 어떤 병사들이 각기 칼과 방패, 창을 들고 나타나 그를 둘러쌌다. 일각수 영감은 기겁을 하며 사력을 다해 뒷걸음질을 하려고 했으나 몸이 움직이지를 않았다. 정신을 잃었는가 싶었는데 어느새 주먹보다도 더 큰 쇠뭉치가 열매로 매달려 있고, 칼로 된 나무가 가득한 뜰에 도착해 있는 것을 알아챘다. 몸을 조금만 움직이려고 해도 칼에 베이고 시도 때도 없이 나무에서 떨어지는 쇠뭉치가 정수리를 내리쳐 한 발짝도 움직일 수가 없었다. 그러는 그를 감시하고 있는 병사의 말이 더 가관이었다. 하루 낮, 하루 밤 동안 8만 번을 나고 죽는 고통을 겪게 될 것이라고 했다. 기가 막혔다. 끔찍하기 그지없는 그 상황에서 일각수 영감은 기겁을 하면서 죽었다가 살아나고 다시 죽기를 반복했다.

　일각수 영감은 다시 쇠뭉치가 정수리로 떨어지려는 찰나 괴성을 지르다가 놀라 간신히 눈을 떴다. 죽음의 문턱에서 지옥의 환영을 체험한 듯 했다. 너무나 생생한 환영에서 깨어난 일각수 영감은 한평생 가즈럽게 굴었던 스스로를 자책하며 그동안 되지도 않은 말로 이리저리 꾸며대고 거짓으로 살아온 삶이 후회됐다. 진실 된 말만 하며 제대로 살아왔더라면 이런 후회는 들지 않았으리라는 자책감이 밀려들었다. 그러나 돌이킬 수 없을 정도로 이미 너무 멀리 와버린 측은한 인생이기에 하염없는 눈물만 쏟아졌다.

《실행론》으로 배우는 마음공부 **4**

다라니의 공덕

"다라니는 모든 것을 갖는다. 경전의 모든 요소를 한 글자에 담아 무량의 뜻과 일체의 공덕을 가지고 있다. 신성한 부처님의 말씀 속에는 실로 무량한 공덕이 포함되어 있다."

《실행론》1-1-3

# 05
## 왕중왕

"어머니, 어머니."

유치원 수업이 끝나자마자 쏜살같이 집으로 달려온 각이는
현관문을 밀치고 들어서면서 어머니부터 찾았다.

"얘가…, 왜 그러니?"
"보석사진을 하나 찾아 주셔야 해요. 내일 유치원에서 색상공
부를 한다고 선생님께서 가장 좋아하는 보석사진을 하나씩
가지고 오라고 했어요."
"각이가 가장 좋아하는 보석은 뭐지?"
"음…, 잘 모르겠어요. 어머니께서 가장 좋아하는 보석은 뭐

예요?"

"글쎄다. 나는 보석을 좋아하지 않는데….'

"아! 그렇구나. 우리 어머니는 보살님이라서 보석을 좋아하시
지 않는구나. 그래도 하나를 찾아 주셔야 하는데….'

"그럼 잡지책을 찾아보도록 하자. 거기에는 많은 보석사진들
이 있을 거야."


각이와 어머니는 철지난 잡지책을 응접실 테이블 위에 펼쳐
놓고 보석사진을 찾아 책장을 넘겼다.


"여기, 여기, 이거 반지 보석 같아요. 어머니."

"그렇구나. 다이아몬드라는 보석이야. 반지로 만든 것이네.
다른 것도 있는지 또 찾아보렴."

"어, 여기도 있어요. 이건 목걸이 보석이네."

"그래, 목걸이로 만든 것인데 그것도 다이아몬드구나. 각아
여기도 있네. 이것은 에메랄드라는 보석인데 이것도 목걸이
로 만들었구나."

"잡지책에는 보석이 참 많구나."


여성종합잡지 속에는 참으로 많은 보석사진들이 있었다. 각
이와 어머니는 그 중에서도 보석이 크고 종류가 다른 다섯 장의
사진을 찾았다.

다이아몬드도 있고 에메랄드, 루비, 사파이어, 아쿠아마린도 있었다. 각이는 보석사진을 앞에 두고 그 보석을 다 갖기라도 한 듯이 온 얼굴에 웃음꽃을 피웠다.

"보석 종류가 이렇게 많은지 몰랐어요, 어머니. 그런데 어머니, 이 중에서 어느 것이 가장 좋은 것이에요?"
"보석은 크기와 색, 무늬, 투명정도 등에 따라서 얼마든지 다르겠지만, 몸에 치장을 할 목적으로 이용할 때는 마음이 끌리고 자기 분수에 맞게 하는 것이 필요해. 각이는 이 중에서 어느 것이 마음에 드니?"
"음…, 잘 모르겠어요. 그런데 다시 생각해보니 이게 가장 마음에 들어요."

각이는 아쿠아마린으로 만든 귀걸이가 마음에 든다고 했다.

"그것은 아쿠아마린이라는 보석이야. 여기를 봐. 푸른 에메랄드라고도 한다고 쓰여 있지. 바다 빛깔이 매력적이라고 했네. 맑고 깨끗한 이미지를 갖고 있어서 행복과 젊음을 상징하기에 3월의 탄생석이라고도 돼있네."

각이의 어머니는 언제 갖고 왔는지 사전에서 아쿠아마린 항목을 찾아 보석이야기를 들려주었다.

"그럼 그게 가장 좋은 보석이에요?"

"같은 크기와 비슷한 정도에서는 이보다 사파이어라는 보석이 더 귀하게 대접을 받는단다. 어디에 있지? 찾아보렴."

"여기에 있어요. 사파이어."

"그럼 또 사전을 찾아볼까? 여기 있구나. 사파이어는 청순과 지혜, 덕망을 상징한다는 구나. 보석은 그만큼 다 귀한 것이기에 이처럼 무엇 무엇을 상징하는 것이 다 있단다. 그리고 사파이어는 결실의 계절 가을의 높고 푸른 하늘에 잘 어울리는 보석이라는 구나. 이 보다 더 귀하게 대접받는 것은 루비라는 보석이야. 각아, 루비가 어디에 있더라?"

"여기에요. 어머니."

"루비는 붉은 색이네. 정열과 위엄, 용기를 상징한다는 구나. 그래서 옛날에는 사람을 보호해 준다고 해서 호신용으로도 많이들 갖고 다녔다네. 보석의 제왕으로 생각하기까지 했다는 구나."

"그럼 보석 중에서는 루비가 최고예요?"

"보석 중에서 가장 많은 사랑을 받는 것은 아무래도 다이아몬드야. 여기에 있는 사진처럼 반지로도 만들고 목걸이로도 만드는데, 변치 않는 사랑을 상징하기 때문이지. 4월의 탄생석으로 옛날에는 왕들만 가질 수 있었다는 보석인데, 맑고 깨끗한 것이 가치가 더 크다고 돼 있구나."

"맑고 깨끗한 것이 좋다면 유리가 제일 좋은 보석이겠어요?"

"그렇지는 않단다. 유리처럼 맑아서 색이 거의 없는 것, 바로 무색의 다이아몬드를 가장 귀하게 취급한다는 말이란다."

"그런 사진은 없잖아요, 어머니."

"여기 있지."

각이 어머니는 그 때 잡지 밑에 감춰두었던, 보석 중에서도 최고의 보석으로 친다는 무색의 다이아몬드 반지 사진을 꺼내 놓으며 말을 이었다.

"보석에는 종류도 많지만 그 많은 종류만큼 빛깔도 가지가지란다. 많고도 많은 보석의 왕인 다이아몬드도 여러 가지 빛깔이 있단다. 그 중에서도 색이 없는, 맑고 깨끗한 무색의 보석이 왕 중의 왕으로 여겨지면서 보석 중 최고의 제왕이 될 수 있는 까닭은 사람으로 생각해본다면 마음이 넓고 크기 때문이지 않을까?"

"그런 말도 사전에 있어요? 보석에 무슨 마음이 있어요?"

"사전에 있는 말은 아니고, 엄마의 말이긴 한데…."

"에이…."

"우리가 염송을 많이 해서 스스로 마음을 잘 닦으면 누구나 넓고 큰마음을 가질 수 있듯이 보석도 똑같다고 생각해. 보석이 숨어 있는 곳은 원래 돌덩어리인데 그 돌을 잘 갈고 닦아서 보석의 재료를 찾아내고 그 재료를 다시 좋은 기술로

다듬어낸 것이 보석이니까 사람의 마음 닦음과 똑 같다고
할 수 있지 않겠니?"

"그런데 보석의 마음이라는 것은 무슨 말인지 잘 모르겠어
요."

"사람의 마음이 넓고 크면 다른 사람의 말을 잘 들을 수 있고
생각을 잘 이해할 수 있는 것처럼 보석도 깨끗할수록 다른
빛을 잘 받아들일 수 있는 넉넉한 마음을 가진 것이라고 할
수 있지 않겠느냐는 생각이야. 하얀 종이 위에는 온갖 색을
다 칠할 수 있는 것과도 같은 뜻이야."

"…."

각이가 매일 아침마다 염송하는 옴마니반메훔도 마찬가지야.
옴마니반메훔은 비로자나불도, 아축불도, 보생불도, 아미타불도,
불공성취불도, 모든 금강보살님들까지 다 포함하는 말이기에 진
언이라고 하는 것처럼, 보석도 그렇게 생각해볼 수 있지 않을까
하는 것이야.

"아, 알겠어요. 어머니."

각이는 고개를 끄덕이고 앉았다가 자리에서 벌떡 일어났다.
자성학교에서 선생님에게 인사를 하는 것처럼 어머니에게 합장
을 한 채 꾸벅 절을 했다. 어머니는 각이 등을 토닥거려 주었다.

육자진언

"'옴'은 비로자나불 '마'는 아축불 '니'는 보생불 '반'은 아미타불 '메'는 불공성취불 '훔'은 금강보살. 이 육자六字의 다라니는 부처와 및 제보살諸菩薩과 중생들의 본심本心이라. 일체 법을 다 가져서 법계진리法界眞理 만사만리萬事萬理 구비하여 있으므로 팔만사천 모든 경전 육자진언 총지문總持門에 의지하고 있느니라."

《실행론》1-2-1

# 06

## 진심을 보여주세요

'하면 된다'는 말이 한때 신조처럼 풍미하던 시절이 있었다. 외세의 침략에 의한 강탈과 동족간의 전쟁으로 인한 피폐상황에서 벗어나기 위해 몸부림치던 때 '우리도 한~번 잘~살아보세'라고 노래하면서 희망과 용기를 부추기던 말이다.

하면 된다는 말이 틀리지 않다는 것쯤은 서연이도 잘 안다. 어떤 경우건 행위가 가해지면 결과는 일어나기 마련이라는 것을 알기 때문이다. 물리적 행위뿐만 아니라 한 생각을 일으키더라도 그에 따른 변화는 당연히 뒤따르기 마련이다. 결과가 좋고, 좋지 않음의 차이는 있을지언정 작용에 따른 반응이 나타나는 것은 분명한 것이기에 하면 된다는 말 또한 진리임에 틀림없다는 것이 서연의 지론이고 평소 생각이다.

그러나 아무리 해도 안 되는 것은 안 된다고 강변하는 사람들도 있다. 그 사람들이 하는 말의 본뜻은 자신이 생각했던 기대치에 못 미친다고 내뱉는 넋두리에 지나지 않기 때문이다. 결코 이루어질 수 없는 것이나, 될 수 없는 것은 아무리 노력하거나 고집한다고 해도 안 되는 경우가 있다. 이 때는 안 되는 그 자체가 진리다. 안 될 것은 안 되는 결과로 드러나 보이기 때문이다. 마른모래더미에 물을 붓는다고 해서 금세 차오르지 않는 이치처럼, 밑바닥부터 차야 언젠가는 넘쳐나는 게 진리지 않은가? 빚꾸러기가 적자인생을 마감하고 흑자인생으로 돌아앉기 위해서는 빌려쓴 것만큼 갚은 뒤라야 가능한 것처럼…. 계산적으로도 마이너스 십열에 십열을 더해봐야 결과는 영零일 뿐이다. 이것이 인연과因緣果의 이치다. 그 때문에 서연이는 하면 된다는 말이 자칫 포기하거나 게으름 피우지 말고 부단히 노력하며 정진하자는 응원과 다짐, 부채질의 의미가 담겨 있다고 보았다.

"당신 말에는 통 진심이 없어."

하면 된다는 진리도 알고, 인연의 이치도 아는 서연이가 도무지 알 수 없고, 믿지 못할 것은 남편의 마음이었다. 남편은 아무리 진심을 담아 이야기를 한다고 강변해도 도대체 진심이 담겨 있지 않아 보였다. 남편을 믿지 못하는 까닭이 서연의 잘못만은 아니라는 것은 남편도 잘 알았다. 집에만 들어오면 꼼짝도 않는 위인이 밖에서는 누구보다도 가정적인 척 했던 것은 자신이 더 잘 알았다. 자상하기까지 하면서 모든 것에 있어 완벽한 것처럼 구는 것은 그렇다고 쳐도 되먹지도 않은 배포며 말을 앞세우는 허풍은 차고도 넘쳤다.

"이제 무조건 빨리 들어와서 일을 도울게."

첫 아이를 낳았을 때 했던 남편의 말은 채 하루를 넘기지 못했다. 작심삼일이라는 말의 뜻조차 모르는 사람 마냥 남편은 병원에서 퇴원하던 그 날부터 늦은 귀가를 반복했다. 첫째 날은 병원에 들렀다가 오후에 출근했기 때문에 쌓인 일이 많았다고 했다. 거기까지는 이해를 한다고 치더라도 그 다음날도, 또 그 다음날도 늦은 귀가에 대해서는 도무지 이해가 되지 않았다. 서연이 듣기에 핑계로밖에 치부할 수 없는 남편의 이유는 가지가지였다. 득남을 했다고 회사에서 회식이 있어서, 먼 곳에서 친구가 찾아와서…. 끌어다 붙일 수 있는 말은 뭐든지 가리지 않고 죄다 끌어들이는 듯 보였다. 그러나 다반사로 하던 야간업무에도 불구하고 용케도 밖에서 잠을 자고 들어오는 일은 없었다. 벼룩도 낯짝은 있다더니 이른 귀가는 지킬 수 없겠다 싶었는지 벼랑 끝에서 살아보려고 발버둥치는 격으로 새로운 카드를 꺼내들었다.

"휴일에는 무슨 일이 있더라도 집의 모든 일은 내가 다할 테니 당신은 아기만 보면서 편히 쉬어."

옛말 하나 틀린 것이 없었다. 첫 번째 쉬는 날 엉덩이를 집안에 눌러 붙이고 있던 남편은 오전 내내 잠을 잤다. 친정어머니가 안방과 거실, 주방을 분주하게 오가며 산후 뒷바라지를 할 때도 남편은 건넌방에서 꿈쩍도 하지 않았다. 점심나절이나 돼서야 방에서 나온 남편은 쑥대머리를 하고서는 차려준 밥을 먹고 거실을 오가며 할 일을 찾는 등 하다가 소파에 앉아 텔레비전만 뚫어져라 쳐다봤다. 그러다가 서연과 눈이라도 마주치면 쓰레기봉투를 만지작거리다가 제자리에 놓고는 다시 소파에 파묻혀서는 시간을 죽였다. 그날 남편이 한 일이라고는 저녁을 먹고 분리 수거된 쓰레기봉투를 아파트 쓰레기장에 내다놓는 것이 고작이었다. 그러면 그렇지 당신이 뭘 하겠어, 하는 생각에서 서연은 울컥 화가 났지만 젖먹이 아기를 생각해서 참았다. 스트레스를 안 받기 위해서였다. 행여 화를 내서 아기가 먹는 젖에 영향이라도 미칠까 하는 걱정이 앞섰다. 그러잖아도 친정어머니를 봐서 참을 수밖에 없기도 했다.

"당신, 나 좀 봐요."

하루 종일 종종걸음을 치며 바삐 움직이던 친정어머니가 잠시 몸을 누이는 틈을 타 서연은 남편을 베란다로 불러냈다. 참고 또 참다가 그냥 잠을 이룰 수 없을 듯해서였다.

"찬바람 쐬면 안 되는데⋯."
"그건 걱정돼요?"
"걱정되지⋯. 미안해, 내가 뭘 하려고 해도 할 줄 아는 게 없
네."

남편은 말끝을 흐렸다.

"그건 됐고. 바라지도 않아. 이제는. 그나저나 엄마 내려가실
때 수고비나 단단히 준비해. 얼마를 생각해? 결정이 되면 말
해. 두고 볼 거야. 사람이 염치는 있어야지."

서연은 저도 모르게 가시 돋은 반말을 내뱉었다. 바람을 많이
쐬면 안 되겠다는 생각에서 멍하게 서 있는 남편을 남겨 두고
거실로 휭하니 들어갔다. 안방으로 들어가려다가 뒤돌아보니 남
편은 그냥 그렇게 붙박이처럼 서 있었다. 창문 너머 먼 하늘을 올
려다보고 있는 남편의 뒷덜미가 느닷없이 몬다위 같다는 생각이
들었다. 삶의 무게가 어깻죽지에 덧씌워져 있는 말이나 소처럼
보인 것이다. 눈물이 핑 돌면서 너무 내질렀나 싶었다.

"(문) 부군에게 유순함은 무슨 복덕 있습니까? (답) 자녀들이

수순하고 창성하게 되나이다.”

　순간 서연은 늘 읽고 숙독하기까지 했던 《진각교전》에 있는
이 법어를 떠올리면서 마음이 편치 않았다. 집안에서 내놓은 불
효자라 하더라도 그 사실을 미처 알지 못한 어떤 사람이 그에게
효도를 잘하는 사람이라고 칭찬해주면 그 역시 기뻐한다는 말은
그 불효자도 마음으로는 효도가 착한 일이라는 것을 알고 있기
때문이라고 했던 다산 선생의 말도 뒤따라서 생각났다. 서연은
결혼할 당시를 떠올려 보았다. 티 없이 맑고 순진해 보였던 그 사
람을 다시 생각하게 되면서 그동안 크게 속을 썩이지도 않았다는
것을 인정했다. 더군다나 나름대로 이를 악물고 열심히 살아왔다
는 점에서도 고개가 끄덕여졌다. 방안에서 빈둥대거나 거실에서
널브러져 있을 때와는 달리 베란다에 서 있는 남편이 측은하게
여겨지기까지 했다. 한 공간 안에 있을 때는 미처 몰랐던 기분이
문 하나를 사이에 두니 달라진 것이다. 금세 참회가 됐다.

　“이제 무조건 빨리 들어와서 일을 도울게. 휴일에는 무슨 일
　　이 있더라도 집안의 모든 일은 내가 다할 테니 당신은 아이
　　만 보면서 편히 쉬어.”

　남편의 진심이었다고 믿어주고 싶었다. 무조건 집에 빨리 들
어오고 싶었으나 피치 못할 사정이 있었을 것이고, 휴일마다 집

안일을 하고 싶었으나 몰라서, 힘에 부쳐서 못했을 것이라는 데까지 생각이 미치고 나니 진심이 들여다보인 것이다. 한 발만 물러서서 되돌아보면 별 것도 아닌데 왜 아옹다옹했는가 싶기도 하면서 붓기가 빠지지도 않은 서연의 두 볼에 눈물이 주르륵 흘러내렸다.

《실행론》으로 배우는 마음공부 **6**

육자진언과 자성불

"말법시대 불교는 다라니로써 흥왕興旺한다. 내 마음은 고통 속을 헤매고 번뇌 속을 헤매고 있다. 육자진언의 밝은 광명으로 내 마음의 부처를 찾아라. 육자진언은 모든 부처와 보살과 중생들의 본심이다. 이 본심진언으로 나의 본심을 찾자. 나에게 있는 자성불自性佛은 자비와 지혜와 광명을 발한다. 이 자성불이 과거 나의 모든 죄업을 알고 현재에 내가 짓는 것도 안다."

《실행론》1-2-2 (가)

# 07

## 모든 것은 자기 안에 있다

"본심을 찾으세요. 안색이 많이 안 좋아 보입니다."

등산을 하다가 잠시 쉬어갈 겸해서 그가 주저앉아 있을 때 마침 그 길을 지나쳐 가던 한 남자가 서슴없이 던진 말이 신경 쓰였다. 그는 산을 향해 올라가는 길이었고, 남자는 반대로 내려가는 길이었다. 그가 이상한 말을 던져 놓고 떠난 남자의 뒤를 눈으로 좇았을 때 남자는 벌써 한참 멀리 가고 있었다. 순간적으로 그는 일행들에게 먼저 내려가 봐야겠다고 이야기하고는 그를 좇아서 내달렸다. 남자의 발걸음은 빠른 듯 했다. 그가 거의 뛰다시피 길을 내려가는데도 좀체 따라붙을 수가 없었다.

"선생님 말씀을 좀 더 들을 수 있을까요? 조금 전 저에게 했던 말이 무슨 뜻인지 궁금해서 산으로 올라갈 수가 없었습니다. 자세하게 좀 들려주실 수는 없는지요?"

간신히 따라 붙은 그가 남자의 앞을 막아서며 말을 걸었다.

"…."
"선생님이 조금 전 산에서 내려오시면서 저들이 있는 곳을 지나칠 때 본심을 찾으세요, 안색이 좋지 않아 보인다고 하셨지 않습니까."
"아, 그 일로 등산하시는 것을 포기하고 여기까지 좇아오셨군요. 이거 미안하게 됐습니다."
"아닙니다. 등산이야 다음 주에도 하면 되지만 선생님을 만나보는 것이 더 중요하겠다는 생각이 들었습니다. 시간을 좀 내주셔서 말씀을 더 들려주십시오."
"…."
"미안해하실 필요는 없습니다. 어떤 말이라도 괜찮습니다. 그때 하셨던 말씀의 의미를 좀 들려주셨으면 하는 바람입니다."
"너무 심각하게 받아들이지는 마세요. 얼굴에 수심이 가득해 보여서 그랬던 것입니다. 저를 좇아오시지 않고 등산을 해서 정상을 밟고 보면 아무 것도 아닌 일일수도 있는데…. 제가 괜한 실수를 한 것 같습니다."

"본심을 찾으라는 뜻은 무슨 말씀입니까?"

"누구나 그렇습니다. 수심이 가득해 보이는 분들을 보면 뭔가 남에게 드러낼 수 없는 자기만의 근심거리나 걱정거리를 가득 짊어지고 있기 마련이지요. 심지어 닥쳐오지도 않은 일들을 두고 미리 골몰하면서 한 순간도 자유롭지 않은 사람들이 많지요."

"아, 예."

"제가 뭘 아는 사람은 아닙니다. 마음공부를 하면서 저도 조금 배운 것이 다입니다. 제가 하지 않아야 될 말을 한 것 같은데…. 왠지 모르게 선생님의 얼굴을 대하는 순간 저도 모르게 흘러 나와 버린 말입니다. 이렇게 만난 것도 인연이라면 인연이니 이야기를 조금만 더 해도 되겠습니까?"

"그럼요. 저는 아무 것도 모르는 인간입니다. 방금 하신 마음공부라는 것도 처음 들어보는 말이고요."

"무소유라는 말씀은 혹시 들어보셨는지요? 말 그대로라면 아무 것도 소유하지 않는다는 말일텐데 현대생활을 하는 우리들은 아무 것도 소유하지 않고서는 생활을 할 수가 없겠지요. 그래서 소유를 할 것과 하지 말아야 할 것을 잘 분별해서 취사선택할 줄 아는 것이 무소유의 참뜻이라고 할 수 있겠지요. 생활에 꼭 필요한 것만 취하는 것 말입니다. 욕심 내지 말고 분수껏 주변을 단속하는 삶이 필요하겠지요. 비우기만 할 것이 아니라 만족할 줄 아는 것이 더 중요하긴 하지만…. 무소유라는 말은 단지 물건만을 대상으로 하지는 않는다고 생각합니다. 마음가짐도 마찬가지가 아닐까요. 소유하지 않아야 할 것은 번뇌, 망상, 온갖 헛된 생각들일 것입니다. 닥치지도 않은 먼 미래의 일을 미리 걱정하는 것도 어쩌면 소유하지 말아야 할 것 중의 하나이겠지요. 반면에 소유해야 할 것은 바른 생각과 정신으로 자족할 줄 알고, 남을 배려할 줄 아는 마음이 아닐까요? 그러면 평상심을 가질 수 있을 것입니다. 누구나 갖고 있는 본심이라는 것도 제대로 발휘될 수 있을 것이고요. 맑고 고요한 마음의 그림자는 얼굴로 드러나는 법이니까요. 그렇다고 선생님이 무소유를 실천하지 않는다는 말은 아닙니다. 오해는 하지 마십시오."

"감사합니다. 선생님. 사실 저는 걱정거리를 하나 갖고 있습니다. 그래서 아마 얼굴에 그렇게 비쳐졌을 수 있을 것입니다."

"무슨 걱정거리를 갖고 계신지 여쭤어 봐도 괜찮을지…."

"남들은 아무 것도 아니라고 할 수 있을지도 모르겠지만 저로서는 큰일입니다. 큰아들 놈이 하나 있는데 장가들 생각을 하지 않고 있어서…."

"아, 예. 걱정거리일 수 있지요. 장성한 아들이 혼사에 관심이 없다는 것은 선생님으로서 걱정이 안 될 수가 없지요. 남들은 손주를 본다느니 할 때면 신경이 여간 쓰이는 것이 아니겠지요."

"그렇지요. 선생님도 그렇게 생각하시지요."

그는 그 때서야 자기를 알아주는 동지를 만난 듯 만면에 화색을 띄며 남자의 턱밑으로 얼굴을 디밀었다.

"암요. 저도 그렇게 생각합니다. 선생님의 안색이 지금 아주 좋아졌습니다. 마음의 짐을 그냥 내려놓을 수야 없겠지만 가급적 담아두지 마시라는 것입니다. 아까 보니까 좋은 친구들도 많으시던데 말씀을 하시면서 툴툴 털어 버리세요. 스트레스가 될 만한 마음의 짐들은 가급적 벗어버리시는 것이 좋습니다. 그래서 마음공부라는 것도 필요한 게지요."

"마음공부라는 것은 어떻게 하면 됩니까?"

"물론 종교단체 등 여러 곳에서 이론적 체계를 만들어 가르치고 하는가 봅니다만 저는 어렵게 생각할 일이 아니라고 봅니다. 좋은 마음, 즐거운 마음, 기쁜 마음, 환희에 찬 마음을 갖도록 순간순간을 점검하고 단속하면 된다는 것입니다. 그렇다고 주어진 생활을 전폐해서는 절대 안 될 말이고요. 건강한 생활에 전념하면서 주변이 안정적일 때 마음도 안정될 수 있기 때문이니까요. 선생님께서 어떤 종교적 믿음을 갖고 있으신 줄은 모르겠습니다만 불교에서 말하는 무소유니, 평상심이니, 본심이니 하는 말들은 모두 이를 바탕으로 한 말일 것입니다. 심공, 곧 마음공부를 강조하신 진각성존 회당 대종사께서는 그래서 나의 마음이 넓고 크고 둥글고 차면 나의 집도 넓고 크고 둥글고 차다는 말씀을 한 것으로 알고 있습니다. 마음가짐의 중요성을 한 마디로 표현한 숱한 말 중의 백미가 아닐까 합니다. 다만 제 개인적인 생각이기는 하지만…. 말에도 힘 있는 말이 있다고 합니다. 그것을 진언이라고 한다는데 본심을 일으키기 위해서는 이 진언을 염송하는 것도 하나의 방법일 수 있다고 들었습니다."

"선생님 말씀 감사합니다."

"아닙니다. 오늘 제가 너무 많은 말을 괜히 한 것은 아닌지 걱정됩니다. 용서하십시오."

"저는 이야기를 더 듣고 싶은데요. 일행들이 산을 내려오려면 아직 시간이 좀 남은 듯도 하고…."

"제가 뭘 알기나 합니까만 소를 타고 소를 찾는다는 말이 있지 않습니까? 우리 어릴 적에는 아기를 업고 아기를 찾는다는 말도 듣고 자랐지 않습니까? 누구나 먼지에 쌓여 있고 때에 절여 있는 마음을 깨끗이 닦아내 본심이라는 것을 찾아 주어진 삶에 맞게 열심히 살아간다면 그 세상이 개인에게는 극락일 것이요, 사회적으로는 화엄의 세계일 것입니다. 소를 타고 소를 찾는 일 같은 것은 하지 말아야 합니다. 본심도, 복락도 모두 자기 안에 있기 때문입니다."

《실행론》으로 배우는 마음공부 **7**

육자진언의 문답

"(문)육자진언이 본심입니까? (답)육자진언을 행하면 본심이 일어나
고 행하지 않으면 일어나지 않습니다. 육자진언이 본심인지 아닌지는
내 안에 있습니다."

《실행론》1-2-3

08

## 라일락 꽃향기에 첫사랑 그녀가

진이가 잠자리에서 일어나 스트레칭을 끝내고 막 정송을 시
작했을 때 그가 방으로 들어섰다.

"아침산책 가지 않을래?"
"…."

그가 아침산책을 가자고 한 말에 진이는 대답을 할 수가 없었
다. 입이 간질거리면서 속만 타들어 갔다. 시간을 정해 놓고 염송
을 할 때는 말을 해서 안 되며, 결인을 깨서도 안 되었기 때문이
다. 아침마다 염송을 해야 한다는 사실을 그에게 미리 말해주지
않았다는 것을 깨닫는 순간 아차, 싶었다.

하루 밤이라도 묵어갈 수 있는 여행 중에 염송하는 것을 모르는 이들과 어울리다보면 조금은 번거로운 일들이 종종 있었던 터라 새삼스러울 것은 없었다. 그러나 그 때마다 미안한 마음이 들었던 경우가 한두 번이 아니었다. 말을 할 입장이 안 되다 보니 순간적으로 오해 아닌 오해를 낳았던 적이 많았다. 염송을 마치고 차근차근 설명을 해준 뒤에는 대부분 이해를 해주긴 했지만 말이다. 간혹 불편한 상황을 더 크게 만들고 싶지 않을 때거나, 염송을 시작한 지 그리 오래지 않았을 때는 결인을 떼고 말을 하는 편이 나을 때도 있었다. 그러나 지금 이 순간은 그가 오해를 할 인물이 아닌 것을 알기에 염송을 깨고 싶지가 않았다. 그는 염송이 뭔지, 왜 하는지, 잘 아는 것은 아니지만 웬만큼은 알 수도 있을 것이라는 생각이 미치자 고개를 흔드는 것으로 아침산책을 가지 않겠다는 대답을 대신했다. 그는 진이가 심인당에 다니는 것을 아는 오랜 친구였기 때문이다.

그가 조금은 계면쩍어 하며 되돌아서서 문을 다시 열어 제치자 라일락 꽃향기가 훅 끼쳐왔다. 어린 시절의 추억이 번개처럼 떠올랐다. 진이의 방 앞에 있었던 라일락은 꽃을 피우는 아침마다 진한 향기를 방으로 배달해주었다. 방문을 열 때마다 방안으로 배달되는 라일락 꽃향기는 단순한 향기가 아니라 첫사랑을 만나는 기쁨이었고, 첫사랑 그녀와 마주앉아 도란도란 나누는 이야기의 화제이기도 했다. 여행지에서 만난 라일락 꽃향기는 오래 전부터 만날 수 없어 애태우던 첫사랑의 환영을 한꺼번에 불러

일으켰다. 진이는 저도 모르게 첫사랑 그녀에게로 향하던 걷잡을 수 없는 이끌림에서 화들짝 깨어나 염송에 집중했다. 염송을 마치자마자 라일락 꽃향기 밑으로 달려가 보리라는 생각만큼은 기억의 저장창고에 고이 넣어 두고서 결인하고 가부좌한 자세를 고쳐 앉았다.

"아침부터 뭘 그리 열심히 하나? 말조차 않고…."

염송을 마치고 라일락 꽃향기를 찾아 급한 마음으로 방문을 열어 젖혔을 때 밖에서 서성이던 그가 말을 걸었다.

"아~ 그거, 염송한 거야. 어제 저녁에 미리 말을 해주지 않아서 미안했네. 진언염송을 할 때는 말을 해서 안 되거든. 좌우지간 미안하다."
"진언염송이라…. 그렇구나."
"라일락 꽃향기가 너무 좋더라."

진이가 라일락 꽃향기의 진원지를 찾아 두리번거리자 방 앞 오른쪽 모서리 담장 옆에 있던 라일락이 한 눈에 들어왔다. 그곳으로 다가가자 방안으로 찾아들었던 것보다 더 진한 꽃향기가 가슴을 먹먹하게 했다. 다시 첫사랑 그녀가 스멀스멀 기억 속에서 풀려 나와 전신을 휘감아 오르는 기분이었다. 진이는 그 자리에서 옴짝달싹 못하고 고개를 들어 하늘을 올려다봤다.

"너. 그 사람 생각하지? 첫사랑 말이다."

"무슨 소리야? 아니야."

"내 눈은 못 속여. 너 라일락꽃만 보면 그랬잖아. 여전하구
나."

"그게 아니고…. 염송이라는 것은 첫사랑을 생각하는 그 마음
처럼 순수하고 간절하며 두근거리는 것이거든."

"딴전 피우지마. 보고 싶다면 그냥 보고 싶다고 해. 그런데 염
송은 왜 하는 건데?"

"순수해지려는 것이지. 네 말처럼 첫사랑을 찾는 그 마음으
로…. 농담이고, 그건 말이야 때 묻은 마음을 잘 닦아서 본래
마음을 찾아가는 과정이라고 할까. 거울을 잘 닦아 놓으면
거울에 비춰보는 사물이 보다 잘 보이듯이, 마음도 번잡스럽
지 않게 가지런히 하고 처음처럼 그 순수한 마음을 갖게 되
면 때 묻지 않은 본심을 찾게 되는 이치와 같은 것이지. 그러
면 부처님과 같은 마음이 되어서 부처님의 설법을 들을 수
있다는 이야기다. 알아듣겠는가?"

"부처님의 마음이 되어서 부처님의 설법을 듣는다? 허 그거
참. 스님이 설법을 한다는 말은 들어봤어도 부처님이 설법을
한다는 말은 처음 듣는데…. 물론 살아 계실 때는 설법을 했
다고 하지만…."

"네가 방금 말하는 부처님은 석가모니부처님만 생각해서 하는 말인데, 너도 부처가 될 수 있고 나도 부처가 될 수 있듯이 수많은 부처님이 있을 수 있고 또 있는 거라네. 그런데 너같이 갇힌 사고를 갖고 있는 사람들은 오직 한 부처님만 생각하는 오류를 범하지. 생로병사를 겪은, 화신이라고 하는 석가모니부처님 외에 보신 부처님도 있고, 법신 부처님도 있지. 법신 비로자나부처님은 사람도 아니요, 신神도 아니요, 이치理致로 계시는 부처님이지. 달리 말해서 진리 그 자체라고도 하지. 불교의 개념은 이처럼 넓고 크고 둥글고 차다네. 그래서 이 부처님은 어느 때나, 어느 곳에서나 항상 설법을 하고 계신다 이거지. 단지 어리석거나 깊은 잠 속에서 헤어나지 못하는 이들이 알아듣지 못하고, 이해하지 못할 뿐이지만….'"

"그렇다면 염송을 하면 그 부처님의 설법을 들을 수 있다는 말인가?"

"그렇지. 염송을 한다는 것은 부처님과 같아지려는 행위라고 할 수 있지. 입으로는 부처님의 소리인 진언을 부르고, 몸으로는 부처님의 행이라 할 수 있는 지권을 하고, 뜻으로는 부처님의 생각이라 할 수 있는 관법을 말하는데 쉽게 말해 마음을 일으키는 작용이지. 그래서 염송을 하는 사람이 부처님과 같이 말하고 행동하고 사고하면 통할 수 있다는 말이야. 그 때 비로소 부처님의 설법을 들을 수 있게 된다는 말이지."

　진이의 장황스러운 말이 이어지는 동안 그는 한때 반짝거렸던 눈을 지그시 내리 감으며 고개를 떨궜다.

"재미없는가? 쉬 배울 수 없는 공부야. 잘 들어둬."
"알 듯도 하면서 무슨 말인지 도통 모르겠다."
"친구의 정으로 안타까운 인생을 위해 다시 한 마디로 쉽게 말해줄게. 네가 말단 직원이었을 때는 높으신 사장의 마음을 잘 못 헤아려. 그렇지? 사장의 입장에서 생각해 보거나 행동해 본 적이 없기 때문이지."
"그건 그렇지."
"똑 같은 이치지. 네가 부처님이라면 매사에 어떻게 행동하겠어? 부처님처럼 행동할 것 아니냔 말이다. 부처님이 돼봐야 부처님의 마음과 생각을 알 수 있겠지? 염송을 한다는 것은 바로 부처님처럼 되고자 하는 행위라 했지. 이제 좀 알아듣겠는가?"
"그러네."
"염송을 하면서 부처님을 닮아 가고, 그래서 부처님의 설법을 듣게 된다는 말이지. 그런데 이때 중요한 것은 자기에게 유리한 쪽으로만 받아들이고, 주관적으로 해석해서는 안 되네. 삿된 마음으로 접근해서는 안 된다는 말이지. 진리는 인연과

因緣果의 이치에 맞게 작용하는 법이거든. 그래서 인연을 잘 지어라, 마음을 비우라는 말도 하는 것이지. 알겠는가? 마음을 비우지 않고 욕심으로 꽉 차 있으면 누구나 주어진 상황을 아전인수 격으로 이해하고 받아들이기 십상이기 때문이라네. 순수하게 보지 못하고 살피지 못한다는 말이지. 상대방은 마음을 줄 생각도 하지 않고 있는데 혼자서 멋대로 상상하는 짝사랑 마냥….”

오랜 친구와 함께한 시골집에서의 둘째 날 아침시간은 라일락 꽃향기 속에 묻혀 또 다른 추억으로 물들고 있었다. 찾아질듯 하면서도 좀체 찾아지지 않는 첫사랑에 대한 아련한 추억처럼….

《실행론》으로 배우는 마음공부 ❽

육자진언의 공덕 ①

“육자진언 염송念誦하면 비로자나부처님이 항상 비밀한 가운데 모든 법을 설하여서 무량하고 미묘微妙한 뜻 자증自證하게 함이니라.”

《실행론》1-3-1

# 09

## 염송 소리를 좇아서

"옴마니반메훔…옴마니반메훔…옴마니반메훔…."

49일불공을 하는 쌍둥이 형제가 나란히 앉아 오전불사를 마치고도 자리에서 일어서지 않고 염송을 더 했다. 쌍둥이 형제의 염송 소리는 이미 심인당에서 신교도들에게 정평이 나 있었다. 그들은 항상 소리를 내서 하는 항마염송을 했다. 그 소리는 두 사람이 내는데도 하나인 듯 조화로웠으며, 나직한듯하면서도 강약이 뚜렷하고 분명했다. 한 치의 흐트러짐이 없는 완벽한 화음이었다. 댓잎을 흔들며 지나가는 명지바람소리가 그렇듯, 솔잎을 희롱하는 건들마가 그렇듯 쌍둥이 형제의 염송 소리는 그야말로 명품이라 해야 맞춤한 말일 것이다.

"어떻게 오셨는지…."

깨침이 정사가 심인당 문을 열고 밖으로 막 나설 때 중년으로 보이는 한 남자가 문 앞에서 안쪽을 기웃거리고 있었다. 처음 보는 얼굴이었다.

"지나가던 길인데 절인 듯해서 들어와 봤습니다. 문밖에서 들리는 소리가 하도 신기해서 머뭇거리고 있었습니다."
"그랬습니까. 잘 오셨습니다. 시간이 괜찮으시다면 저하고 이야기를 좀 나눌 수 있을까요? 차실로 가시죠."
"…."
"차를 한 잔 드세요. 연잎차입니다."

중년의 남자는 깨침이 정사가 우려내 놓은 찻잔을 받아놓고 차실 안을 두리번거렸다. 선뜻 차를 입으로 가져가지도 않고 여기저기를 한참 둘러보다가 겨우 한 모금을 마시고는 찻잔을 다탁 위에 내려놓았다.

"여기는 어떤 곳입니까? 절하고는 조금 다른 것 같은데…."
"네. 심인당이라고 하는 곳입니다. 심인을 찾는 곳이라는 말이지요. 심인은 우리 누구나 본래부터 갖추고 있는 본심 곧 진실한 참회에서 밝혀지는 참마음을 말합니다. 심인당은 이를 찾는 곳이지요.”

“여기도 그럼 불교입니까?”

“그렇습니다. 조금 전에도 말씀드렸던 것처럼 마음을 닦고 진리를 깨닫는 수행도량이기에 심인당이라고 하고, 이 심인을 깨달은 경지를 진각이라고 이름 해서 종단을 진각종이라 한 것입니다.”

“그렇다면 심인당에서는 예불을 본다고 해야 하나요? 기도라는 것을 어떻게 합니까?”

“교주 청정법신 비로자나부처님의 본존이자 본심진언인 옴마니반메훔 이 여섯 글자를 염송하면서 생활하는 가운데 가졌던 탐욕스런 마음과 인색한 마음은 버리고, 베푸는 마음은 기른다는 의미로 희사라는 것을 합니다.”

“그렇다면 공양물을 올린다거나 하는 것은 어디에 하는지요?”

“진각종처럼 밀교의 불공은 상호공양입니다. 중생도 공양하고, 부처님도 중생들을 위해 공양하는 이치입니다. 만다라세계가 형성되는 과정과 구조를 말씀드려야 하나, 이 자리에서는 좀 더 쉽게 이야기해서 일상생활 자체를 불공으로 보고 있기 때문에 진각종을 창종하신 회당 대종사께서는 일상생활 그 자체가 곧 불공이라고 하시기도 했습니다. 여기서 말하는 불공에서의 공양은 물건을 주고받는 것만을 말하는 것이 아닙니다. 넓은 의미에서 마음과 마음으로 하는 일체의 것을 말합니다."

중년의 남자는 이 대목에서 눈을 동그랗게 뜨고 귀를 쫑긋 세웠다. 어찌 보면 잘 이해가 안 된다는 표정 같기도 했다. 깨침이 정사는 모처럼 교화대상자를 만난 것처럼 신이 났다. 그러잖아도 점심공양을 하고는 마음공부를 안내하는 곳이라고 써서 붙여놓은 천막에 앉아 오가는 사람들을 만날 예정이었다. 마음공부를 안내하는 곳은 심인당 입구에 만들어 놓은 천막찻집이다. 버스정류장이 있는 곳이라 차를 공양하며 심인진리를 전파하기 위해 설치해 놓은 것이다. 그런데 제대로 물을 만났으니 점심을 먹지 않아도 배고픈 줄을 몰랐다. 그때 중년의 남자가 깨침이 정사의 눈치를 살피며 연신 손목시계를 들여다봤다. 2시가 다 되어가고 있었다.

"자리를 옮겨서 이야기를 더 나누시지요. 요기할 수 있는 것을 간단하게 좀 내오라고 하겠습니다."
"아니. 그래도 되는지…."
"괜찮습니다. 저기 저 문 앞 천막 있는 데로 가시지요."

중년의 남자는 깨침이 정사를 따라 주섬주섬 자리에서 일어났다. 깨침이 정사는 마음공부를 안내하는 곳이라고 쓰인 천막찻집으로 자리를 옮겨 앉아 본격적인 가르침을 펴기 시작했다.

"진각종에서 하는 불공은 희사와 염송이 주인데, 육자대명왕 진언 옴마니반메훔을 부르고 마음속으로 관하면서 옳지 않는 것은 하지 않지만 바르고 옳은 것은 어떻게 해서라도 행한다는 맑은 계율이라는 의미의 정계정신을 갖게 하고, 바르고 옳은 것을 행할 때는 어떠한 어려움이 있더라도 성내지 않고 참으며 상을 내지 않는다는, 마음을 낮추는 의미의 하심을 갖게 하는 것입니다. 또 용맹스럽게 정진한다는 의미로 바르고 옳은 것에 대해 게으르지 않고 물러남이 없이 나아가는 용맹심과 육자진언 염송으로 선정에 들었을 때 그 본심에 나타나는 염혜력 즉 지혜를 기를 수 있도록 합니다. 옴마니반메훔 여섯 글자 하나하나에는 희사, 정계, 인욕, 정진, 선정, 지혜라는 여섯 가지와 연결고리를 갖고 있어 진언을 염송하면 여섯 가지의 특별한 힘을 갖게 된다는 의미이기도 합니다."

중년의 남자는 그제야 고개를 끄덕이기도 하고, 찻잔을 들며 입가에 웃음기를 띄우기도 했다. 그러다가 차의 향과 맛을 음미하기라도 하는 양 입 속에 머금고 한참을 있는 듯도 했다.

"각자님?"
"…."

깨침이 정사는 신이 나서 열변을 토하듯 하다가 자신도 모르는 새 각자님, 하는 말을 내 뱉고는 스스로도 놀라 멈칫했다.

"아. 각자님이라는 표현은 진각종에서 남자 신교도분들을 부르는 호칭입니다. 깨달은 사람, 곧 부처라는 표현이지요. 그만큼 진각종에서는 누구나 본래 부처이고, 부처가 될 수 있다는 의미에서 수행하는 것이거든요. 심인당에 찾아오신 선생님이 너무 적극적이고 분명한 생각을 가지신 것 같아 오랫동안 심인당에 나오신 분처럼 느껴져서 그랬던 것입니다. 전혀 놀라실 일이 아닙니다. 선생님도 이미 부처님이십니다."

중년의 남자는 만면의 웃음을 띠우면서도 겸연쩍어 했다. 깨치미 정사도 덩달아 기분이 좋았다.

"진각종에서는 육행실천이라는 말을 많이 씁니다. 심공이라는 마음공부와 더불어 앞에서 말한 육행을 실천행으로 옮겨 실제 생활에서 실천하고 활용돼야 한다는 까닭에섭니다. 그래서 실천불교라 하고 생활불교라 하는 것이지요. 이것이 바로 밀교정신이고 밀교행입니다. 뜻으로만, 말로만 하는 기복불교가 아니라 마음으로, 실천으로 행하는 불교입니다. 어떻습니까? 앞으로 종종 심인당에 나오셔서 불공을 한번 해보시지 않겠습니까? 다음 일요일에 꼭 뵙도록 하겠습니다. 기다리고 있겠습니다."

깨침이 정사의 쐐기를 박는 말에 중년의 남자는 그렇게 하겠다는 듯이 고개를 끄덕이면서 찻잔을 들어올렸다.

《실행론》으로 배우는 마음공부 ❾

육자진언의 공덕 ②

"'옴'은 단시檀施 '마'는 지계持戒 '니'는 인욕忍辱 '반'은 정진精進 '메'는 선정禪定 '훔'은 지혜智慧. 이 육행六行을 관행觀行하면 생로병사 받지 않고 잊지 말고 외우면 천재天災 만액萬厄 소멸된다."

《실행론》1-3-2

# 10

## 염송 많이 하면 행복하리라

"마음속에 부처님을 항상 모-시면 어디를 가나오나 행복하리라. 아-무리 험한 곳에 있-드라도 부처님이 언제나 보호하리라. 믿음 있는 사람에게 부처님 있고 염송하는 사람에게 부처님 있다. 마-음에 부처님을 모-시-며 염송 많이 하면은 행복하리라."

서원가 〈행복의 문〉

지난 자성일 자성학교에서 자성동이들과 함께 불렀던 서원가였다. 진이는 이 서원가의 가사가 머릿속에서 떠나지 않아 한 자성<sub>주간</sub> 내내 고민에 싸여 있었다. 진이가 가장 고민스러워했던 대목은 다름 아닌 '염송 많이 하면은 행복하리라'라는 부분이었다.

공부를 하지 않고 염송만 많이 해도 행복해질 수 있을까? 하는 의문에 휩싸인 것이다. 공부로는 부모님의 기대치에 다소 못 미쳐 늘 미안해했지만, 염송만큼은 자성학생 어느 누구보다도 뒤떨어지지 않을 것이라고 스스로 자부해왔던 터이기 때문이다.

"…."
"진아, 선생님에게 할 말 있니?"

진이는 자성학교가 끝나자마자 막상 나누미 선생님을 찾아가기는 했지만 머릿속이 하얘진 기분이었다. 한 자성동안 혼자 꿍꿍대면서 오늘 자성학교를 마치면 나누미 선생님을 찾아가서 반드시 물어보리라 다짐에 다짐을 했지만 어떤 말을 어떻게 꺼내야 할지를 몰라 쭈뼛거리기만 할 뿐이었다.

"진아, 어떤 말이라도 괜찮아. 선생님에게 하고 싶은 말이 있으면 해보렴."
"선생님 저번에 불렀던 서원가 행복의 문 말인데요…."
"응. 그렇지. 저번 자성일에 서원가로 행복의 문을 불렀지."
"그런데요. 그 가사 내용 중에 있는 염송 많이 하면은 행복하리라 하는 부분 말인데요, 공부는 하지 않고 염송만 많이 해도 행복해질 수 있는 건가요?"
"아! 진이가 그게 궁금했구나. 염송을 잘하는 진이가 궁금해

할 부분이었구나. 진아, 선생님에게 질문하기를 잘했다."

어떻게 뱉어낸 것인지도 모르게 쏟아버린 말에 나누미 선생님은 칭찬을 해주며 진이의 등을 토닥거려주기까지 했다. 진이는 괜한 질문을 한 것은 아닌지 하는 생각에서 잠시나마 가졌던 부끄러운 마음을 조금은 누그러뜨릴 수 있었다. 역시 궁금한 것이 있으면 질문을 해야 하는 것이야 하는 마음까지 들었다.

"자, 진아, 선생님이 하는 말을 잘 들어봐. 성능은 조금 다르지만 같은 물건을 생산하는 기계가 있다고 하자. 하나의 기계는 한 시간에 10개의 물건을 만들어낼 수 있고, 또 다른 기계는 같은 시간에 스무 개의 물건을 만들어 낸다고 할 때 진이는 어느 기계를 더 좋아하겠니?"

"당연히 스무 개를 만들어내는 기계가 좋아요."

"그렇지. 진이도 그렇게 생각하지? 선생님도 같은 생각이야. 또 같은 너비의 강을 헤엄쳐서 건너야 하는 두 사람이 있다고 하자. 한 사람은 게으름을 피우지도 않고 정신을 집중해서 준비운동까지 마친 다음 한 시간 만에 간단히 건너버린 거야. 다른 사람은 그 까짓 것 문제없다며 의기양양하게 여기저기 전화를 해서 자랑을 하고 먹을 것을 다 챙겨 먹는 등 온갖 수선을 떨다가 강을 건너는 중 그만 배탈이 나서 허둥대는가 하면 지쳐서 결국은 포기를 하고 말았어. 그 사람이 평소에는 수영을 아주 잘 했는데도 말이다. 진이라면 누가 더 현명한 사람일 것이라고 생각해?”

“앞사람이에요.”

“그렇지. 진이는 염송을 많이 하고 누구보다도 잘해서 아주 지혜롭구나. 어머니 보살님이 늘 진이 자랑을 하던데 그 말 그대로구나.”

“…”

“선생님이 앞에서 두 가지의 경우를 말했는데, 염송을 많이 하는 사람은 지혜가 밝아서 모든 하는 일들이 잘 이루어진 다는 것은 진이도 알고 있지 않니? 서원가 행복의 문에서 강조하는 것은 바로 이 점이란다. 학생이 제일 먼저 해야 할 일은 공부인데 공부를 하지 않고 염송만 많이 해도 행복할 수 있다는 뜻이 아니라, 염송을 많이 하는 사람은 당연히 공부도 효과적으로 잘할 수 있기 때문에 염송 많이 하면 행복하리라 라고 하는 거란다.”

“그렇다면 염송도 해야 하고, 공부도 해야 하는 거잖아요.”

진이는 실망을 한 듯 입을 빼물었다.

“그렇지. 이 세상을 살아가는 사람은 누구나 자기가 해야 할 일이 있다고 생각해. 선생님은 학생들을 가르치는 것이 일이고, 학생들은 부모님과 선생님의 지도를 받으면서 공부를 열심히 하는 것이 중요한 일이라고 할 수 있겠지. 꼭 공부만은 아니겠지만…. 운동도 하고 효도도 하면서 사회생활에서 필요한 여러 가지 일들을 배우는 과정도 중요하단다. 좋은 친구를 많이 사귀는 것도 아주 중요한 일이기도 하고….”

“….”

“뭐든지 하기 나름이라는 말이 있단다. 공부를 잘 하는 사람들은 쉴 때 충분히 쉬다가 정해 놓은 시간동안은 철두철미하게 집중해서 한단다. 진이는 당연히 그렇게 하고 있겠지만…. 그런 사람이 지혜로운 사람이고 현명한 사람이 아닐까 생각해. 진이가 공부를 잘하고 있다는 것은 선생님도 아는데….”

“아니에요. 어머니는 저한테 늘 불만인데요.”

“진아, 선생님이 비밀을 한 가지 이야기해줄까? 선생님과 진이만이 아는 비밀이야. 알겠지?”

“네.”

진이는 나누미 선생님이 비밀 이야기를 해준다는 말에 잔뜩 기대를 하고 눈을 크게 뜨고 귀를 활짝 열었다.

“진이 어머니는 진이를 아주 대견해한단다. 진이가 좀 더 열심히 공부를 해서 전교 1등을 할 때까지 일부러 칭찬을 아끼면서 기다리고 있다는 것을 선생님이 들었어. 진이는 충분히 그렇게 할 수 있다는 것을 어머니께서 알고 계시기 때문이

야. 그렇게 알고 진이도 더 열심히 해야 돼. 알겠지? 선생님
이 대단한 비밀을 이야기 해준 거다."

나누미 선생님은 이 말끝에 오른쪽 검지손가락을 입술에 갖
다 대고는 눈까지 찡끗해 보이며 둘 만의 비밀이라는 것을 강조
했다. 진이는 기대했던 만큼의 비밀은 아니었지만 나누미 선생님
으로부터 괜한 칭찬을 들은 듯 해 얼굴을 붉혔다.

"에이 시시해요. 그게 무슨 비밀이에요?"
"어머니께서 선생님에게 처음 말해줄 때는 절대로 아무에게
도 이야기하지 말아달라고 하셨는데…. 그러니 비밀이지?
선생님이 진이에게 그나마 이야기를 해주는 것은 저번 시험
에서 1등을 했다고 오늘 아침에 보살님께서 선생님에게 말
해주면서 이제는 그 비밀을 진이에게 말해줘도 된다고 하셔
서 한 거야. 선생님은 그 동안 비밀을 잘 지킨 거다. 알겠지."
"…"

진이는 그제야 염송 많이 하면은 행복하리라는 가사 내용의
비밀을 알 듯 했다. 비밀은 먼 데 있는 것이 아니었다.

《실행론》으로 배우는 마음공부 ❿

육자진언의 공덕 ③

"본심진언을 한 번 염송하면 팔십억 겁 불보살의 명호를 부른 공덕과
같고, 일곱 번 염송하면 열여섯 겁 겨자 수와 같은 불보살의 명호를 부
른 공덕과 같고, 백 여덟 번 염송하면 천육십 석 열 말 겨자 수와 같은
불보살의 명호를 부른 공덕과 같고, 칠일 동안 마음을 다하여 칠만 번
염송하면 비로자나부처님이 지혜로 나타나서 가히 생각할 수 없는 묘
덕을 보게 되며 모든 고통을 여의고 안락한데 이른다. 본심진언으로 널
리 육행문六行門을 열게 되니 정법으로 나아가게 된다."

《실행론》1-3-3

# 11

## 선택과 집중

"아빠, 미얀마 갔다 오신 사진 보여주세요."

　미얀마 출장을 마치고 집으로 들어서자마자 큰딸 미혜가 미얀마는 어떤 나라냐고 물으면서 궁금증을 참지 못해 사진부터 보여 달라고 난리였다.

"사진 없는데….”

　진이는 난감했다. 딱히 보여줄 사진이 없었다. 세미나 참석차 미얀마로 갔던 출장이라 일정을 마치고 돌아오기 하루 전 바간이라는 도시를 찾은 것이 전부였다. 진이는 그것도 과분했던 사람처럼 다른 일행들과 달리 하나의 탑에서 하루 종일 머물렀다. 일행들과는 저녁시간에 맞춰 숙소에서 만나기로 하고 무리에서 떨어졌던 터라 여러 곳을 둘러보며 찍은 사진이 있을 리 만무했다.

"에이 시시해. 아빠는 우리 생각은 하나도 안 하나봐."

미혜는 혼잣말처럼 중얼거리며 이내 시무룩해 했다. 진이는 마지못해 미앵꼬파고다라고 하는 하나의 탑에 머물면서 다른 각도로 오르내리다가 찍은 몇 장의 사진을 보여줄 수밖에 없었다.

"이게 뭐야? 아빠 너무 해."

미혜는 이번에도 중얼중얼하면서 꺼내 놓은 선물은 거들떠보지도 않은 채 소파에서 일어서려고 엉덩이를 들썩였다.

"사진 대신 아빠가 이야기를 해줄게. 아빠가 여러 곳을 다니며 사진을 찍어오지 못했던 것은 한 곳에서 넋을 잃었기 때문이야. 미혜가 이해 좀 해줘라. 응….
"아빠, 지금은 괜찮아요?"

초등학교 3학년인 미혜가 넋이라는 말은 이해하지 못하고,

잃었다고 한 말에 그만 정신 줄을 놓고 헤맸다는 것으로 받아들인 듯 놀라서 되물었다.

"괜찮아. 생각이 많아서 한 곳에 정신을 팔아버린 거야. 미얀마는 사진보다 마음의 눈으로 보고 가슴에 담아오는 것이 더 필요하겠다는 게 아빠의 생각이었어. 그래서 일행들을 따라 다니지 않고 아빠 혼자 한 곳에 오래오래 있으면서 생각을 많이 했단다. 미혜 생각도 하고….."

그제야 미혜는 자리에 풀썩 주저앉으면서 이야기를 해보라는 투로 눈을 반짝 뜨고 귀를 쫑긋 세웠다.

탑림塔林.

미얀마 바간에 발을 딛는 순간 진이는 말문이 막혔다. 광대한 탑열이 눈에 들어오면서 숨까지 막히는 듯 했다. 벅찬 감동과 흥분, 이루 말로 다 표현할 수 없을 것 같은 감정이 교차하면서 할 말을 잃은 것이다.

신라천년의 고도 경주에는 계림이 있다. 신라시대 탈해왕 때부터 한동안 불렸던 다른 이름이기도 하고, 경주의 또 다른 애칭이자 예전 우리나라를 달리 일러서 말하기도 하는 지명이지만 기본적으로는 첨성대와 반월성 사이에 있는 숲을 이르는 말이다. 계림과 더불어 한 눈에 들어오지 않는 거대한 왕릉군은 수학여행을 갔던 중학생 진이의 눈길을 사로잡기에 충분했다. 진이는 미얀마의 탑열을 보면서 순간적으로 계림을 떠올렸다. 구이린이라 하는 계림은 중국에 있는 지명이기도 하다. 중국 광시장족자치구 북동부에 있는 도시로, 교역과 문화중심지다. 하지만 계림처럼 중국하면 진이의 머릿속에 먼저 떠오르는 것은 시안의 비림이다. 진이는 계림이나 비림처럼 탑으로 숲을 이룬 황금의 땅 미얀마 바간이야말로 탑림이라는 생각이 저절로 들었다.

유레카! 진이는 한참 후에야 가슴을 펴며 긴 숨을 내쉬었다. 두 팔은 자연스레 위로 치켜 올려졌다. 한동안 먹먹하던 머릿속이 빛 한 줄기를 만난 것처럼 맑아지며 가슴도 뻥 뚫리는 듯 했다. 순간적으로 멎었던 몸 속의 피도 다시 도는 기분이었다. 신열을 앓고 난 뒤처럼 전신에서는 식은땀이 흥건하게 솟아나기까지 했다. 일은 찰나라고 해서였던지 그때 마침 불어온 바람 한 줄기의 시원함은 탑림이 주는 선물이었다.

1천 년 전에는 4천여 기의 탑파고다이 있었다고 했다. 몽골과 영국 등의 식민지 시절 겪은 반달리즘과 대지진 등 저간의 나라 안팎 사정과 이러저러한 까닭으로 일부 빛을 바래기는 했지만 지금도 2천500여 기에 달하는 탑이 즐비한 바간의 전망대 역할을 하는 미앵꼬파고다에서 사방을 휘둘러본 거대한 탑림은 한 순간에 숨이 멎을 정도로 전신을 감전시켰다. 찬란했을 과거의 자취가 부처님의 법문처럼 다가서고, 오늘에 이어 영원으로 이어질 미래를 향한 숨결이 부처님의 음성이자 설법으로 들려왔다. 미앵꼬파고다가 진이를 향해 장광설을 토했던 것이다.

"탑이라도 여러 개를 찍어 왔으면 좋았을 텐데…."

이야기를 듣고 있던 미혜가 실망한 것처럼 눈을 내리 깔면서 시무룩한 표정으로 말을 잘랐다. 미혜는 어떠한 이야기보다는 여러 개의 탑이며 다양한 사진을 더 보고 싶어 하는 듯했다.

"사진 찍고 돌아서고, 또 사진 찍고 돌아서고 하면서 여러 곳을 한꺼번에 둘러보았다면 아빠가 이런 좋은 이야기를 해주지 못했을 거야. 한 곳에 머물며 우리 미혜 생각도 하면서 오래 있었으니까 미혜에게 해줄 이야기도 많은 거야. 그리고 무엇이든지 단순하게 보고 듣는 것은 그 순간만 지나면 잊어버리고 마는 거야. 이해를 하고 마음으로 느끼며 몸으로 부딪혀봐야 자기공부가 되어 오래오래 기억할 수도 있고, 재미있게 이야기도 해줄 수 있는 거야. 공부도 마찬가지지 않니? 선생님께서 가르쳐 줄 때는 아는 듯 했지만 막상 스스로 문제를 풀어보려면 잘 안 될 때가 있지? 선생님께 배운 대로 문제를 스스로 풀어보면서 손으로 익혀야 절대 잊어버리지 않는 것처럼 말이다."
"…."
"그리고 어떤 곳이라도 여행하면서 한꺼번에 모든 것을 다 보고 올 수는 없는 거란다. 다음에 와서 보겠다는 인연을 지어 놓아야 또 그곳으로 여행을 할 수 있는 기회가 생기는 법이란다."

"그럼 아빠는 이번에 미얀마 가서는 탑 한 개를 본 것이지만 봐야할 것은 모두 다 보았다는 말이에요?"

"아! 우리 미혜 대단하네. 바로 그거란다. 아빠가 비록 이번에 는 한 개의 탑을 보았지만 아빠 생각에 이번 기회, 그곳에서 는 그 하나가 2천500여 기의 탑을 대표하는 것이라고 믿었 기 때문이야. 그러니까 아빠가 보아야할 것은 모두 다 보고 온 셈이다 이 말이지."

"치…. 아빠 흥분하시는 거 좀 보세요. 어머니….'

진이 아내는 애써 웃음을 지으며 말을 삼켰다.

《실행론》으로 배우는 마음공부 ⑪

육자진언의 묘력

"범이 오면 잔짐승이 없어지고 범이 가면 잔짐승이 모여든다. 육자대 명왕진언도 그와 같다. 진언 속에는 부처님의 참뜻이 들어 있다. 오탁 악세 허망한 세계에는 본심진언이라야 한다. 이성理性과 지성智性을 여 는 육자심인六字心印 '옴마니반메훔'이 본심진언이다."

《실행론》1-3-7 (나)

# 12
## 세상을 넓게 사는 법

누군가가 여닫이 교실 문을 열려고 애쓰는 듯 했다. 진이는 교실 문밖에서 나는 소리에 집중했다. 진호의 등교가 늦는다 싶어 연신 출입문 쪽을 살피던 진이는 문을 열려고 안간힘을 쓰는 이가 진호라는 것을 직감으로 알아차리고는 자리에서 벌떡 일어섰다. 그런데 밖에서 문을 열려는 사람의 동작이 어찌 이상하게 여겨졌다. 힘들게 문을 여는 듯싶더니 한참 뒤에야 교실로 얼굴을 들이민 사람은 진호가 맞았다. 진호는 다리를 절뚝거리고 있었다. 목발을 하지는 않았지만 동작은 많이 느렸다. 진이는 문 앞까지 좇아가 진호를 부축해서 자기 옆자리에 앉는 것을 도왔다.

"어떻게 된 거야? 괜찮다고 했잖아."

"…."

"당했구나."

"…."

진호는 첫 번째 물음에는 대답을 하지 않다가 거듭된 진이의 질문공세에 겸연쩍게 고개만 살짝 끄덕였다. 진호는 화장실에 가는 것 외에는 하루 수업이 끝날 때까지 자리에 앉아만 있었다. 화장실에 갈 때도 진이가 부축하는 것을 마다했다. 창피하다는 것이었다. 진호는 수업을 마치고 집으로 가는 길에야 하는 수 없이 진이의 부축을 받았다. 진호는 다리를 절뚝거리면서 말까지 더듬거렸다. 평소에는 누구 못지않게 말이 많았던 그 수다가 어디로 사라져버린 것이었다.

"미안하다. 너 오늘 야자 못해서 어떡해?"

진이는 수업이 끝나자마자 야간자율학습을 하지 않고 진호를 부축하며 교실을 나섰다. 진호가 다리를 다쳐 절뚝거리는 지경에 야간자율학습은 의미가 없을 듯 했다. 이 핑계로 하루를 쉰다는 마음에서 차라리 잘된 일이라는 생각이 든 것도 사실이었다. 야간자율학습 담당 선생님도 충분히 이해해 줄 것이라는 믿음에서 기쁜 마음으로 교무실로 달려가 진호를 부축해서 집으로 갈 수밖에 없다는 말을 했다.

"그건 그렇고, 그래도 그렇지. 너무했다. 이 정도로까지…."

"괜찮아. 이만하기에 됐지 뭐. 부러지지 않은 것만도…."

진호가 다리를 절뚝거리게 된 것은 동네대항 축구시합 때문이었다. 진호는 고등학생으로서는 유일하게 동네의 조기축구회에 가입해 뛰고 있었다. 진호네 동네와 옆 동네 조기축구팀이 지난 번 시합에서 맞붙어 싸울 때 진호가 상대편 선수에게 좀 심한 태클 걸었다가 앙갚음을 당한 것이다. 재 시합에서 상대편 선수들의 표적에 걸려든 것이었다.

진이는 강 건너 불구경이라는 말이 가슴에 와 닿는 것을 느꼈다. 축구를 할 줄 모르는 진이로서는 진호를 위해 해줄 수 있는 일이 없어 안타까울 따름이었다. 재 시합을 하는 날 축구장으로라도 가보려 했지만 마침 집안에 일이 있어 가보지도 못했다. 축구 시합이 끝났을 즈음 전화만 했었던 것이다. 그 때 진호는 아무 일 없다고만 했다. 그런데 진호가 다리를 다쳐 절뚝거리고 나타난 것을 보며 진이는 가슴을 쳤다.

"진아, 비켜!"

초등학교 3학년 체육시간에 칼 비명을 지르며 진이를 덮친 것은 진호였다. 운동장 한 쪽 씨름장에서 씨름수업을 하고 있을 때 축구공 하나가 진이를 향해 날아들 때였다. 모래판 주변에 앉아 있던 진호가 날아오는 축구공을 잡으려고 몸을 던졌다. 진호는 그 공을 온 몸으로 받으며 모래판에 철퍼덕 엎어졌다. 진이와 씨름연습을 하던 두 사람은 진호에게 튕겨 나가면서 진호 옆으로 널브러지며 나뒹굴었다. 날아온 축구공이 진이의 머리에 맞았다면 기절하고도 남을 일이었다. 그 아찔한 순간을 진호가 지켜준 것이었다.

진이로서는 잊을 수 없는 그 씨름판 축구공 이야기를 진호는 까맣게 잊은 지 오래였다. 언젠가부터 전혀 기억하지 못했다. 지금도 그 이야기를 하면 언제 그랬느냐는 듯 능청을 떠는 진호다. 진호는 그 일을 그 자리에서 잊어버린 듯 했다. 진이가 마음속에 늘 생각하고 있었던 것과 달리 진호는 이내 머릿속에서 떠나보낸 일이었는지도 모를 일이다.

"내가 당하고 보니까 내 태클에 걸렸던 그 선수가 얼마나 아프고 억울했을까 하는 생각이 들더라. 그때 시합에서도 졌잖아. 미치겠지. 어제는 뛰지도 못하고 깁스를 한 채 운동장 밖에서 지켜보고 있는 그가 눈에서 떠나지 않더라."

진호는 시합이 끝나자마자 다리를 절뚝거리며 그 선수에게 다가가 다시 한 번 더 미안하다는 말을 했다고 했다. 그러면서 자신이 다친 것은 괜찮다고도 했다는 것이다.

"진아, 좀 쉬었다 가자."

진이의 부축을 받으며 걷던 진호가 힘에 부치는지 학교 옆 아파트 분수대 앞에 다다르자 쉬었다 가자고 했다. 진이는 진호가 먼저 자리에 앉을 수 있도록 부축을 하고, 분수대 난간에 철퍼덕 엉덩이를 내려놓으며 진호의 아픈 다리 바지를 걷어 올렸다. 깁스를 하지 않았다.

"병원에도 안 가봤나 보네."
"괜찮아. 이만 일로 뭐….."
"집에서는 알고 있나?"
"아냐."
"첫 시합할 때는 무조건 이겨야 한다는 생각에서 적으로만 보이며 밉기만 했는데, 내가 너무 옹졸했던 것 같아. 시합을 할 때는 물론 그래야 하겠지만….."
"그렇지. 윗동네, 아랫동네, 결국은 이웃동네고, 넓게 보면 한 지역인데….."
"맞다. 그러니까….."
"야, 너 대단해 보인다. 다리 다치더니 한 소식 한 사람 같아."
"나보다 더 대단한 건 진이 너지. 넌 벌써 알고 있었던 거잖아."
"아니야. 씨름판 축구공 사건도 그렇고 확실히 진호 네가 나보다는 넓은 마음을 갖고 있는 것 같다. 사람들은 누구나 그렇잖아. 자기 일이 아니면 잘 나서지 않잖아. 그런데 너는 네일이 아닌데도 나서기를 좋아하고, 또 좋은 일 한 것은 금세 잊어버리니 너야말로 나보다 한 수 위다. 오지랖이 넓다는 말도 되겠지만…. 오지랖이 넓은 사람은 그만큼 세상을 넓게 산다고 보아야 되지 않을까?"

좁디좁은 생각을 가진 사람의 눈에는 자기가 아닌 모든 것은 남이고, 남의 일일 수 있겠지만, 좀 더 넓고 큰마음과 눈을 가진 사람이라면 보이는 모든 것이 자기 것과 다르지 않을 것이라는 생각이 진이의 머릿속을 가득 채웠다. 마음이 좁은 사람은 그만큼 생각이 넓지 못한 탓이리라 여겨지자 진이는 가슴이 찡하게 울리는 것을 느꼈다. 진호가 생각의 넓이를 키우는 만큼 자기중심을 넓혀가며 세상을 넓게 살고 있다는 믿음이 서자 든든한 마음이 들었다.

진호가 벌떡 몸을 일으켰다. 순식간이었다. 용수철처럼 몸을 퉁겨 올리며 몇 걸음을 내달렸다. 이내 다리를 절뚝거리기는 했지만…. 수레에 폐지를 가득 실은 할머니가 언덕길을 힘겹게 올라오고 있는 곳까지 진호의 걸음으로는 한참이나 걸렸다.

《실행론》으로 배우는 마음공부 ⑫

자성법신

"내 자성이 법신임을 깨달아야 대도大道를 얻게 된다. 마음 가운데 두고 말하자면 심인이며 밖에다 두고 말하자면 도솔천이다. 우주에 진리가 전기의 성품과 같이 충만하여 있으니, 전파가 있더라도 수신기가 있어야만 방송을 들을 수 있는 것과 같이 심인상도心印常道가 있더라도 심인진리를 활용하지 않으면 인증을 할 수 없고 활용을 못한다. 따라서 진리에 들어간 사람은 이와 같이 된다."

《실행론》 2-1-1 (다)

# 13

## 바꾸면 달라진다

우린이의 가슴이 다시 콩닥거리기 시작했다. 한 달 여 동안 마음을 진정시키려고 갖은 노력을 했건만 막상 그날이 되자 떨림은 주체할 수 없을 정도였다. 간밤 잠을 설친 탓도 있겠지만 눈앞에 닥친 현실을 그대로 감당하기에는 아무래도 역부족일 듯싶었다.

"외삼촌, 거 나가야 됩니꺼? 정말 괜찮은 사람이지예?"

버스를 타고 D시까지 나가려면 족히 1시간이 걸리기는 하지만 시간은 충분하고도 넘쳤다. 우린이는 새벽 같이 만반의 준비를 마쳤기에 버스를 탈 시각까지 남은 아침시간 동안 연신 시계를 쳐다보다가 외삼촌의 전화번호를 다섯 번이나 꾹꾹 눌렀다. D시에서 만나기로 했던 외삼촌은 다섯 번째 전화를 할 때까지는 너스레를 떨며 대꾸해주었다. 그러나 우린이가 여섯 번째 전화번호를 눌렀을 때부터는 아예 전화를 받지 않았다.

한 번만 더 전화하면 그 자리에 나가지 않겠으니 아무 소리 말고 K-커피점 앞에 도착해서 만나자.

이내 문자만 보내왔다. 늦지 않게 시간을 잘 맞춰서 나오라는 엄포성 당부도 빼놓지 않았다.

우린이가 외삼촌으로부터 괜찮은 사람이 하나 있는데 만나보지 않겠느냐고 처음 전화를 받은 것은 두어 달 전이었다. 서울에 사는 친구의 아들이 꼭 시골 사는 처녀와 결혼하겠다고 해서 우린이에게 먼저 연락을 한 것이라 했다. 그렇다고 사람이 좀 모자란다거나 결격사유가 있는 것은 절대 아니라는 말도 덧붙였다.

자연적인 환경에서 가정교육을 잘 받은 처녀를 배필로 삼고 싶다는 단 한 가지 열망 때문이라는 말을 할 때 외삼촌의 목소리에는 힘까지 잔뜩 들어 있었다. 이 만남은 천생연분이 될 것이고, 반드시 좋은 배필이 되리라는 확신이 든다며 너의 인연인가 싶다는 말을 할 때는 꼭 그렇게 되기를 바라는 간절함까지 목소리에서 배여 있었다.

외삼촌과는 달리 우린이가 시큰둥해 하며 선뜻 그렇게 하겠다고 답하지 않았던 것은 서울 사는 괜찮은 남자가 굳이, 왜, 시골 사는 여자를 찾을까 하는 께름칙한 마음이 앞서서였다. 아무리 친구의 아들이라 하더라도 그렇지 외삼촌이 미처 모르는 사연이 있지 않겠느냐는 생각 때문이었다. 우린이가 대답을 하지 않고 머뭇거리자 외삼촌은 다시 전화할 때까지 차근차근 생각을 잘 해보라며 전화를 끊었다.

"우린이 이야기를 했더니 그 쪽에서 무슨 일이 있더라도 만나야하겠으니 제발 만날 수 있도록 주선을 해달라고 사정사정 하더라."

외삼촌으로부터 다시 전화가 걸려온 것은 한 달 전이었다. 우린이가 외삼촌의 말을 신뢰하지 않는 것은 아니지만 다소 가볍게 생각하며 잊으려 했던 일을 다시 떠올리게 하자 반신반의하던 마음이 혼란스러워지기까지 했다. 사람을 만나 보는 것이 싫을 것까지는 없는 일이지만 괜한 상처만 받을까 걱정하는 마음이 앞섰기 때문이다.

"괜한 걱정 하지 말고 외삼촌 믿고 한 번 만나봐라. 내가 시간하고 장소를 잡아서 그 쪽과 상의해 연락하마."

우린이의 콩닥거리는 가슴앓이는 그 순간부터 시작됐다. 그 사람을 만나러 나가는 것도 큰일이지만, 그렇다고 막무가내로 안 나가겠다고 하는 것은 제대로 찾아온 기회를 놓쳐버릴지도 모른다는 한 가닥의 미련이 똬리를 틀고 마음 속 깊이 들어앉았기 때문이다. 가슴은 콩닥거리고 머릿속은 뒤죽박죽이 되어 언젠가 딱 한 번 청룡열차에 올라타서는 기절을 할 뻔했던 느낌이었다. 속도 메슥거리는 듯했다.

"이 자리에 왜 안 나오려고 했어요?"

외삼촌이 K-커피점에 우린이를 앉혀놓고 자리를 뜨자마자 가 잠나룻을 한 그 사람이 첫 마디를 떼었다. 자리에 앉으면서 언뜻 본, 가잠나룻을 한 사람의 얼굴은 몹시 지쳐 보이면서 어두운 그림자까지 드리워져 보였다. 게다가 가잠나룻 탓이기는 하겠지만 나이도 먹을 만큼은 먹었을 것으로 단정 짓기에 충분했다. 그러나 가즈럽지는 않아 보였다. 어두운 그림자 뒤로는 만개한 꽃을 피워 올릴 몸 속의 기운마저 느껴졌다. 우린이는 용기를 내 얼굴을 들었다.

"하시는 일이 많이 힘들어~예?"
"네? 아, 별로…. 물론 들어서 아시겠지만 쓰레기 치우는 일에 이골이 나서 다른 업종으로 바꾸어 보려고 생각하고 있는 참입니다. 시집을 오려는 분들도 없고…."
"그 일이 얼마나 중요한 일인데~예. 그쪽이 쓰레기를 치워주 지 않으면 천지가 쓰레기 삐까리가 될 거 아잉가~예. 왜 하찮게 여기~예?"

"…."


가잠나룻은 말을 잇지 못했다. 우린이가 하고 있는 말의 뜻을
선뜻 이해하지 못해 눈만 끔벅끔벅 했다. 하여튼 자기를 두둔하
는 말이라는데 생각이 미치자 처음 만났을 때 보다 더 호감을 보
였다.


"그렇게 말해주니 고맙습니다. 우리 정식으로 사귀어봅시다.
나는 그 쪽이 정말로 필요합니다."

"몰라~예"


가잠나룻은 교제를 해 보자고 한 제안이 단칼에 베이듯 거절
당한 것으로 생각돼 고개를 떨궜다.


"방금 했던 말처럼 그 쪽만 괜찮다면 앞으로 하는 일에 보람
과 긍지를 갖고 다른 생각 없이 열심히 해보렵니다. 돈을 버
는데 어찌 귀천이 있다고 하겠습니까? 돈은 되는 일인데….
막상 결정하기가 쉽지는 않겠지만 조금만 더 생각을 깊이
해줬으면 좋겠습니다. 내가 빌고 싶습니다."

"어데~예"

가잠나룻은 절망적이었다. 여기서 물러날 수 없다는 생각을 굳혔다. 우린이를 놓쳐서는 안 되겠다는 소신으로 화장실에 가는 척 하며 자리를 피해서는 우린이 외삼촌에게 바로 전화를 걸었다. 애프터신청에 우린이가 몰라~예, 어데~예라는 말로 거절만 한다고 했다.

외삼촌과 전화를 끝내고 자리로 돌아온 가잠나룻은 우린이의 말이 거절을 뜻하는 것이 아니라는 이야기를 듣고는 상기된 표정으로 우린이의 마음을 다시 한 번 더 들었다, 놓았다. 그리고는 우린이 얼굴을 뚫어져라 쳐다보았다.

"자주 전화도 하고 내려오기도 하겠습니다. 우리는 꼭 만나야 합니다. 그렇게 믿고 오늘은 올라가겠습니다."
"몰라~예. 뭘 그리 자꾸 쳐다~바~싸~예?"

그 때 마침 걸려온 외삼촌의 전화를 받은 우린이는 금방 얼굴을 붉혔다. 마음을 들켜 버린 것 같아 가잠나룻을 더 이상 쳐다볼 엄두가 나지 않았다. 무심코 늘 하던 바대로 했던 몰라~예, 어데~예라는 말 때문에 번번이 놓쳤을 지나간 기회들이 얼마였을까 하는 생각까지 들면서 가슴은 다시 콩닥거리고 머릿속은 하얘졌다.

말투를 바꾸어야 되겠다는 생각이 든 것은 그 때였다. 가잠나룻과 함께 하고 싶다는 마음에 순간순간이 너무나도 빨리 지나가고 있었다.

《실행론》으로 배우는 마음공부 ⑬

## 불심인의 진리

"심인진리는 다른 종교와 같이 어떤 신神을 대상으로 믿는 것이 아니라 청정한 자기 본심을 대상으로 깨닫고 지혜와 자비로 행하는 진리이며, 깨쳐서 고치고 고쳐서 행하는 진리이다. 그래서 해탈하고 성불하는 진리이다. 법신法身은 무상불無相佛이며, 무無에서 지어 유有에서 받고 현세안락이 위주이다. 화신化身은 유상불이며, 유에서 지어 무에서 받고 사후열반이 위주이다. 무상진리는 형상이 없는 것으로 바로 눈에는 안 보이나 제도는 잘된다. 법신은 모든 부처의 근본불根本佛로서 으뜸가는 부처이니 교리도 으뜸가고 뛰어나며 공덕도 또한 뛰어나다. 하나를 심어 열이 나고 열을 심어 백이 난다. 무상공덕은 그 누구도 빼앗아 가지 못한다."

《실행론》2-2-1 (나)

# 14

## 마음을 내면 길은 열린다

"괴물 태풍 하이옌바다제비 강타 필리핀 폭풍해일 겹쳐 암흑
속 쓰레기천지, 사체즐비, 굶주림, 치안불안, 약탈공포로 아
비규환. 레이테섬 타클로반공항에서는 탈출행렬 장사진…."

연일 신문지상과 방송매체들을 통해 쏟아지는 소식이다. 깨
침이 정사는 먹먹함을 느꼈다. 마음은 종잡을 바 없이 흩어지고
생각은 정처 없이 떠돌았다. 간신히 정해 놓은 염송을 마치고 서
둘러 종무실로 들어간 깨침이 정사는 텔레비전부터 켰다. 뉴스
전문 방송채널에서는 역시나 필리핀 태풍소식을 전하고 있었다.
책상 위에 놓여 있던 신문을 펼쳐도 1면부터 거의 전 지면을 도배
하다시피 필리핀 태풍 피해소식을 전했다. 깨침이 정사는 푸우~

하는 소리를 내며 숨을 골랐다.

전쟁터를 방불케 하고 있다는, 필리핀 재난소식으로 채워진 지면 속에서 연말을 앞두고 선행을 전하는 미담기사 하나를 발견했다. 순간 아련한 생각 하나가 깨침이 정사의 머리를 스쳤다. 젊은 시절 친구들과 오지탐험을 갔다 왔을 때의 일이다. 잊힌 듯 했던 그 일이 불현듯 떠오른 것을 보면 충격과 보람이 그만큼 컸던 반증임에 틀림없었다.

하늘에 맞닿을 듯 높은 고산지대였다. 그 오지에도 사람이 살고 있다는 것은 충격이었다. 그 상황을 충격이라고 밖에 달리 표현할 말이 없었다. 당시에는 그랬다. 텔레비전 여행 전문 채널 등을 통해 자연다큐멘터리를 수도 없이 보아왔지만 그때까지 보았던 어떤 곳들과도 비교되지 않을 정도였다.

잦고 거센 바람에 섞여 흩날리는 흙먼지는 눈을 제대로 뜰 수 없게 했다. 숨조차 마음대로 쉴 자유를 허락하지 않는 듯싶었다. 바람이 잠잠한 찰나의 틈을 타거나 은폐물을 의지해 겨우 몰아서 쉬어야 하는 숨길은 자주 가빴다. 바람을 이겨내기 위해 황량한 터전에 나지막하게 자세를 낮춰서 엎드리고 있어 보이는 움막은 언제 주저앉을지도 모를 정도로 위태로워 보이기까지 했다. 바람구멍이 숭숭 뚫려 있어 집이라고 할 수조차 없어 보이는 그들만의 터전은 조악하기 그지없었다.

일행들은 그곳을 떠나올 때 남은 여행일정을 생각해서 꼭 필요한 것만을 뺀 나머지 모두를 남겨 놓았다. 그래도 발걸음은 가볍지가 않아 수도 없이 뒤돌아보며 눈물을 훔쳤던 기억이 되살아 났다.

자생적으로 발생하고 일어난 현상들은 자연스럽게 치유되고 아물기 마련이다. 생명을 가진 이들의 삶도 마찬가지다. 처해진 어떠한 조건에서도 생활을 유지하고 견딜 수 있도록 적응하면서 상황을 만들어 가는 능력이 있기 때문이다. 문제는 뜻하지 않게 당하거나 불가항력적으로 맞닥뜨리게 되는 황망한 순간의 위기 앞에서다. 필리핀이 지금 그렇지 않은가 싶다.

"옴마니반메훔, 옴마니반메훔, 옴마니반메훔."

깨침이 정사는 온갖 상념들을 멈추려고 육자대명왕진언을 염송했다. 당시 오지탐험을 마치고 돌아온 친구들은 누가 먼저라 할 것도 없이 그곳에 보낼 갖가지 물건들을 모으자고 의기투합했다. 주변 사람들과 이웃, 심지어 직장이 있는 친구들은 직장의 동료들까지 동참하게 했다. 마음이 하나로 모아지고 의지가 있다면 안 될 일이 뭐 있겠는가 하는 생각에서 비롯된 일이었다. 그러던 중 1개월이 채 되지 않아 길이 20피트의 표준형 컨테이너 하나를 채우고도 남을 만큼의 물건이 모아졌다. 옷가지부터 음식조리기구, 천막용 비닐은 물론 심지어 노끈 등 직접 눈으로 보고 온 뒤 필요하겠다 싶은 것은 대부분 망라됐다. 문제는 그곳까지 운반할 운송비 부담을 어떻게 할 것인가 하는 문제였다. 궁리 끝에 후원

자를 찾아보자는 의견이 모아졌다.

며칠이 지나지 않아서 오지에 보낼 물건을 모아두었던 고물상 주인으로부터 전화가 왔다. 반가운 소식이 있으니 시간 되는 대로 찾아오라는 말이었다.

"운반비를 부담하겠다는 독지가가 나타났구려. 하늘이 당신들을 돕는 거 같으이. 좋은 일을 하니 좋은 결과가 있네 그려."

"어떤 분입니까? 감사표시라도 해야 될 텐데."

"그거는 절대 묻지 마시라. 그 분은 이름이 알려지는 것을 절대로 원하지 않는다고 했구려. 괜한 소문이라도 돌기만 하면 당장 결심을 철회하겠다고 까지 했으니 그 분을 알려고 하지 말고 당신들이 하고자 하는 일만 추진하시게."

"이렇게 고마울 데가 있습니까? 정말 믿어지지가 않습니다. 사장님 고맙습니다."

"내가 무슨⋯."

"사장님 덕분입니다. 물건 모을 장소도 빌려주시고, 이렇게 운송비를 부담하겠다는 후원자까지 찾아주셨으니 사장님이 일 다 하신 겁니다."

"별말씀을 다 하시네."

깨침이 정사는 그 때의 일을 생각하면 지금도 입가에 미소가 번지는 것을 느낀다. 마음을 일으키고 의지를 세워 밀어붙이니 동조하는 이들이 생기면서 하고자 했던 일이 순탄케 이루어지는 것을 경험했다. 게다가 환희까지 맛볼 수 있었던 것이다. 그 후로는 힘들고 애태웠던 모든 과정을 까맣게 잊었다. 언제 그랬느냐는 듯이….

마음을 그렇게 모두 비우고 나니 머릿속까지 맑아지는 기분이었다. 무엇인가 새로운 것을 다시 시작할 수 있겠다는 믿음과 의지까지 생겨났다. 달리기 선수가 새로운 각오로 출발선상에 서는 설렘처럼….

깨침이 정사는 필리핀 태풍 재해소식을 접하면서 불현듯 떠오른 오지탐험과 지원활동 경험을 머릿속에 떠올리면서 새로운 발심을 했다. 먹먹하기만 하던 마음을 진정시킨 채 지금은 비록 한 사람의 힘이지만 발심을 하는 순간부터 일은 시작된다는 믿음이 용솟음쳐 올랐다.

"옴마니반메훔, 옴마니반메훔, 옴마니반메훔."

마음을 일으키는 것과 일이 추진되는 것은 하나라는 생각이 든 것은 그 때다. 마침 텔레비전에서는 모금운동이 벌어졌다는 소식과 방송국을 중심으로 한 모금운동이 전개되고 있었다.

《실행론》으로 배우는 마음공부 ⑭

진각심인

"마음 하나 천만을 당적하고心一當千萬, 흰 바탕에 단청을 그린다質白畵
丹青."

《실행론》 2-2-2 (나)

# 15
## 마음이 환경을 만든다

    진이는 초조했다. 시험을 코앞에 두고 시간은 그야말로 쏜살처럼 흘러가고 있었다. 눈으로라도 훑어봐야 할, 시험범위에 해당하는 학습 분량은 넘치고도 남아돌았다. 학습 진도는 나가지 않고 시간은 빠르게만 흘러갔다. 새벽 3시를 넘어서자 또 잠은 쏟아졌다. 그렇지만 쉬 잠 속으로 빠져들 수도 없는 실정이라 답답하기만 했다. 포기를 해버리고 싶은 마음이야 무시로 드는 바였지만 이번 시험만은 그르칠 수 없는 이유가 있었다. 그래서 절박함은 더했다.

    진이는 머리를 쥐어뜯다 말고 가슴이 먹먹한 지경에 이르러 밭은기침을 토해냈다. 머리가 지끈거리는 것을 시작으로 가슴앓이를 하다가 급기야 마른기침까지 뱉어내면서 몸 안팎이 쌍으로 괴로웠다. 진이는 고개를 들어 창문가로 멍한 시선을 보내다가 책상머리 책꽂이 앞에 붙여 놓은 포스트잇을 물끄러미 쳐다봤다. 고통이 크면 클수록 그 고통을 이겨내는 명예는 크다. 세상은 고통으로 가득하지만 한편으로는 그것을 이겨내는 일로도 가득 차 있다.

진이는 한숨을 내쉬며 주변을 정리하기 시작했다. 진이의 주변 정리 습관은 머리가 복잡해질 때마다 하는 버릇 중의 하나다. 계획했던 일이 잘 풀리지 않을 때도 마찬가지지만 멍하게 앉아 있을 때도 진이는 언제나 주변 정리부터 했다. 주변이 말끔하지 않거나 어수선하면 좀체 가만히 있지를 못하고 안절부절 어쩔 줄을 몰라 하는 것이 몸에 밴 습성이었다. 주변 정리에 온 신경을 쏟아 붓다 보면 그 순간만큼 머리 아픈 일 정도는 잊어버리는 나름대로의 효과를 노린 행동인지는 모를 일이다.

진이의 이러한 습성은 어릴 적부터 비롯된 것이다. 타고난 체질이라 해도 과언이 아닐 일이었다. 그래서 진이가 어릴 시절 그러한 생각을 미처 헤아리지 못했던 어머니는 뜻하지 않게 속앓이를 많이도 했다. 진이가 학교를 가거나 방을 비운 틈을 타 청소를 하다가 방안의 물건을 조금이라도 흩트려 놓았을 때는 여지없이 반응이 왔다. 옷걸이며 심지어 책상 위에 있는 노트 한 권까지도 처음 있었던 자리에 그대로 있지 않을 경우에는 까탈을 부리며 차라리 청소를 하지 말라고 몰아 부치곤 했다. 심지어 연필 한

자루라도 있던 자리에 있지 않고 옆으로 비껴나 있거나 흐뜨려져 있었다가는 성질이 날카로워질 대로 사나워져 눈조차 맞추려 하지 않았다. 어머니가 진이의 방과 책상을 청소할 때마다 온갖 신경이 쓰였던 것은 그 때문이다. 진이는 몸에 걸치는 옷가지 하나까지도 무조건 가지런해야 했다. 단추 구멍을 메운 실밥이 아래쪽으로 가지런해야 하는 것 정도는 약과였다.

*

각이는 달랐다. 남매가 달라도 이렇게까지 다를 수 있다는 것이 어머니로서는 믿어지지 않을 정도였다. 각이의 책상 위는 언제나 너저분했다. 책이며 볼펜이며 입었다가 벗어 둔 옷가지가 뒤섞여 아수라장이 달리 없었다. 다시 입을 옷과 세탁해야 할 옷이 뒤엉켜 분간도 안 될 지경이 허다했다. 옷걸이에 걸어둔 옷마저 제대로 정리돼 있는 적이 드물었다. 거꾸로 걸쳐져 있거나, 아니면 반쯤 걸쳐져 있기 마련이라 웬만큼 정리정돈을 해주어서는 표도 나지 않을 정도로 심각했다. 각이의 방을 들락거리며 갖게 된 것은 한숨뿐이었다. 이불과 베개며 옷이 뒤섞여 나딩구는 방바닥도 상황은 마찬가지라 모처럼 큰마음을 먹으며 청소를 하려고 들어갔다가 혀를 내두르며 서둘러 방문을 닫고 나와야 할 때가 부지기수였다.

경계가 너무 분명해서 탈이었던 진이와 달리 각이의 경계가

없어 보이는 생각과 마음은 헤아리기조차 힘들었다. 상상을 초월
한 경지를 수더분하다거나 털털하다고 인정하기에는 정도가 심
했다. 아들과 딸의 차이 정도로 치부해버릴 일도 아니었다. 그러
려면 차라리 경우가 바뀌어야 맞는 것이다 싶을 정도로 아들인
진이의 유별함에 비해 천연덕스러움과 너저분하기까지 한 각이
의 일상은 도무지 이해가 되지 않았다. 진이와 각이 남매를 두고
어머니가 애 끓이는 것은 바로 그 점이었다.

매사 자로 잰 듯 깔끔한 성격을 가진 진이가 일탈적이기까지
한 각이를 마음에 들지 않아 하는 것은 당연했다. 각이에게 잔소
리쟁이로 통했던 진이가 여동생 앞에서 꼼짝하지 못하는 한 가지
이유는 학교 성적이었다. 각이는 이불을 뒤집어쓰고 방안을 뒹굴
뒹굴하면서도 성적만큼은 누구에게도 뒤지지 않았다. 늘 우등생
인 각이가 진이를 주눅 들게 만든 무기는 바로 성적이었다.

*

도랑물에는 잔 나뭇가지 하나가 떠다녀도 쉽사리 드러나기
마련이다. 깊고 넓은 바닷물에는 웬만큼 큰 물체가 흘러들어도
쉬 드러나지 않는 법이다. 겉으로 보이지 않는다고 해서 흘러든
물체가 없는 것은 아니다. 마음이 환경을 만드는 법이기 때문이
다.

진이는 주변 정리 하던 손길을 멈추고 밖으로 나갔다. 집을

벗어나 인접한 큰길로 나서자 넓은 도로가 바닥을 드러내고 엎드려 있었다. 주황색 실선까지 확연하게 드러낸 4차로의 넓은 길바닥이 적나라하게 보인 것이다. 새벽녘이라 길 위를 달리는 차는 손에 꼽을 정도로 드문드문했기에 길바닥이 한눈에 들어왔다. 조금 전까지도 그랬을, 길을 가득 메운 채 꼬리에 꼬리를 물고 내달리던 차들이 잦아드니 도로가 평정을 찾은 듯싶었다. 순간 차들은 도로의 번뇌덩어리로 생각됐다. 번뇌가 걷히니 근본자리인 도로가 본래의 모습을 되찾은 듯해 보인 것이다.

진이는 그 순간 드넓은 길 위를 쏜살같이 지나쳐간 승용차 한 대를 얄미운 눈길로 좇다가 승용차가 사라진 길 끝 지점에 시선을 고정시켰다. 온통 캄캄했다. 아무 것도 보이지 않았다. 그렇다고 눈길이 머문 그곳에 아무 것도 없는 것은 아닐 터였다. 어둠이 걷히면 그곳에 있던 건물은 건물대로, 도로는 도로대로, 나무며 각종 식물들도 본래의 모습을 드러낼 것이다.

진이는 희붐하게 밝아 오는 새벽 길 위에서 벅찬 전율을 느꼈다. 지금껏 느껴보지 못했던 감정이다. 그동안 마음 한 가득 들어차 있으면서 생각이며 몸의 움직임까지 좌지우지했던 번뇌덩어리의 실체를 본 기분이었다. 몰라서 당하지, 알면 당할 일이 없다는 말로 공부하고 글 읽기를 타일렀던 할머니로부터 어릴 때 들었던 말이 되새김됐다.

"그래, 이 놈 때문이었구나. 이 놈을 잡아야지."

더 이상 망설일 일이 아니다 싶었다. 스스로를 괴롭히고 어머니까지 힘들게 했던, 결벽증에 가까운 이 병을 다스리면 헛된 시간 낭비도 줄일 수 있겠다는 생각에서 마음이 홀가분해짐을 느꼈다. 진이는 이제부터 시작이라는 마음으로 새로운 다짐을 했다.

《실행론》으로 배우는 마음공부 ⑮

깨달음과 향상

"깨달음이란 무엇을 깨닫는 것인가? 첫째는 일체유심조一切唯心造를 깨달음이요, 둘째는 심즉불心卽佛을 깨달음이요, 셋째는 법계법신불과 자성법신이 하나임을 깨달음이니라."

《실행론》 2-2-4 (가)

# 16

## 의심 없이 믿고 행해야

"부처님이 설한 말씀 모든 사람 몸을 받되…큰 부자가 되는
 자는 대시하고 난 것이며…."

부부는 이 말을 지극히 믿었다. 그리고 열심히 행했다. 부부
가 이 말을 믿고 실천하게 된 것은 결혼하기 전부터 서로가 비슷
하게 짊어지고 온 가난에서 벗어나기 위함이었다. 두 사람 모두
넉넉하지 않은 집안에서 태어나고 끼리끼리 어울려 살아가야 하
는 운명을 숙명처럼 받아들이면서 처지가 비슷하다는 믿음으로
함께 헤쳐 나가자며 결혼까지 했다. 좀체 삶은 나아질 것 같아 보
이지 않았다. 결혼을 했으니 자식들도 태어날 것이고 그들을 뒷
바라지하기 위해서는 보다 나은 생활이 필요하다는데 생각을 같

이 했다. 자기들이 겪었던 힘든 생활을 자식들에게만은 더 이상 물려주어서는 안 된다는 마음에서 밤낮 없이 일했다. 비록 조그만 구멍가게이기는 했지만 두 사람 입에 풀칠하기에는 부족함이 없었다. 그러나 앞으로 태어날 자식들을 위해서는 허리띠를 더 졸라매고 잠자는 시간도 줄여야 했다.

부부가 아무리 먹고 입을 것을 아끼며 불철주야 가게를 지켜도 물건을 많이 팔지 못하면 이윤이 적은 것이 구멍가게였다. 문제는 손님이 많이 찾아들게 해야 하는 것이다. 잡화를 파는 구멍가게이기에 더 많은 손님이 찾아들도록 하는 방법은 필요한 좋은 물건을 많이 구비하는 방법밖에 없었다. 하지만 그것을 몰라서 못하는 것이 아니다. 문제는 돈의 회전에 있다. 게다가 대형 마트가 주변에 우후죽순처럼 들어서면서 동네 구멍가게의 입지는 점점 좁아들었다.


"물건을 많이 팔아야지요? 그러려면 물건을 떼로 갈 때 그날 떼어올 전체 물건 값의 1퍼센트를 따로 떼어놓았다가 좋은 일에 써보세요. 떼어온 물건이 한결 잘 팔리는 것을 알게 될 것입니다. 처음에는 1퍼센트만큼 물건을 적게 떼어 왔다고 손해 본다는 생각이 들기도 하겠지만 그 날 떼어온 물건을 남김없이 다 팔고 보면 오히려 남는 장사가 될 것입니다."


부부가 어렵사리 가게를 지탱하며 연명해 갈 무렵에 찾아온 사람이 해준 말이었다. 부부는 약간 의아해하면서도 그 사람이 해준 말을 곧바로 실행에 옮겼다. 그런데 생각지도 못했던 일이 벌어진 것이다. 마트에 갈 시간이 없어서 왔다는 사람도 늘어나고, 가까운 곳에 좋은 물건이 많아서 자주 오게 된다는 사람도 하나 둘 불어났다. 부부는 그 사람이 다시 찾아올 때를 기다리며 전해준 말을 그대로 행했다.

*

　부자가 되기를 꿈꾸는 것은 사인이도 마찬가지다. 부부의 이웃사촌인 사인은 부자가 돼도 한방에 돼야 한다고 믿었다. 나이를 먹을 만큼 먹은 탓이었다. 그렇다고 늦었다는 생각은 하지 않았다. 지금부터라도 한방만 터트리면 만사가 해결될 것이라는 마음이었다. 그래서 한 푼 두 푼 모으고 아껴서 부자가 되겠다는 작정은 아예 하지를 않았다. 짧은 인생, 한방만 터지면…. 사인이가 소신을 접지 않았던 것도 그 때문이었다. 그렇게 한방으로 터져줘야 지긋지긋한 가난 때문에 받았던 그동안의 서러움과 울분마저 한방에 날려버릴 수 있겠다는 욕심이 발동됐던 것이다.
　복권 한 장을 사들고 집으로 돌아온 사인은 늘 그랬던 것처럼 한방이라는 말을 주문과 같이 되뇌며 컴컴한 방으로 들어가 이불을 뒤집어썼다. 이불 속에는 냉기가 똬리를 틀고 들앉아 있는 듯 했지만 새로 산 복권 한 장을 지닌 몸에서는 부푼 기대가 발화

돼 열꽃으로 피어나고 있었다. 몸 밖의 냉기와 몸 안의 열기가 이불 속에서 뒤섞이자 청하려던 잠은 달아나고 배고픔도 멀찍이 물러났다. 사인은 자리를 박차고 일어나 컴퓨터 책상 앞에 앉아 커서를 움직였다. 홈트레이딩서비스에 집중했다. 모니터 속으로 빨려 들어갈 정도로 몸을 책상에 바짝 붙였다. 그랬음에도 윗몸을 더 밀어붙여 눈알을 바쁘게 움직였다. 금세 눈이 빨개지며 침침해지기까지 했다. 홈트레이딩시스템HTS증후군을 앓은 지 오래됐다. 사인이가 모니터에서 눈을 떼고 창밖을 내다보자 옆집 사는 부부가 나란히 걸어가고 있었다. 그다지 돈이 있어 보이지 않는 부부가 쌍으로 이해되지 않을 때가 한두 번이 아니었지만, 금슬 좋은 비익조처럼 보일 때만은 부럽기도 했다.

*

부부는 이날도 심인당에 들러 염송을 하고 다시 집에 들렀다가 자원봉사활동을 하던 복지관으로 가는 중이었다. 동갑내기인 부부는 나이 60이 되면서 편의점을 접고 신행생활을 하는 틈틈이 봉사활동을 했다. 구멍가게를 탈피해 편의점을 수십 년 간 운영하다가 그마저 놓아 버린 지도 벌써 제법 됐다.

"그때 언젠가 왜, 나한테 했던 말 있지 않나? 1퍼센트 뭐 어쩌고저쩌고 하던 말…. 그 어떻게 하면 된다꼬? 다시 한 번 말해봐라."

부부가 사인이 집 앞에 다다랐을 때 막 대문을 밀치고 나오던 그가 느닷없이 길을 막아서며 불쑥 내뱉었다. 사회에서 만난 사람 열 살은 맞먹는다며 사인이는 부부 앞에서 늘 말을 놓았다.

"와? 인자 어지간히 답답한가보네. 그 생각을 다 하고…."
"…."
"욕심을 먼저 버리라, 이 사람아. 자네는 욕심이 너무 많아서 안 될끼라, 아마. 그라고, 요행을 바라는 그게 문젠기라. 한방에 해결하겠다는 그 생각부터 고쳐 무야 되네. 알겠능가?"
"사람, 참…."
"욕심도 버리고, 요행도 버릴 자세가 돼 있거든 잘 들어라."

부부와 헤어진 다음 방으로 들어간 사인은 영 마음이 편치 않았다. 1퍼센트가 어딘데 하는 마음이 앞섰다. 의심만 하다가 썩 내키지는 않지만 그리 큰돈은 아니고 하니 한번 믿어보기로 했다. 막상 마음을 그렇게 내고 난 뒤에도 대문 앞에서 부부가 들려준 말이 영 석연치가 않아 한참을 더 곰곰이 곱씹다가 뽑아 쓰는 화장지 곽 하나를 비워냈다. 그리고는 아침에 샀던 로또 값의 1퍼센트인 100원을 버리기로 했다. 그래서 화장지 곽에 100원을 간신히 밀어 넣었다. 손에 검어 쥔 돈을 누군가가 빼앗으려 할 때 그

돈을 놓치지 않기 위해 바들바들 떨던 심정으로 한참을 붙들고 있다가 힘에 부쳐 놓치듯이 겨우 놓아버렸다. 아쉬움은 여전했다. 돈이야 화장지 곽 안에 든 것이라 당장 어디 가는 것도 아닌데 뭐 하는 마음이 들었다. 그제야 부부의 말을 일단 믿어보기로 하면서 1퍼센트를 따로 떼어놓았기에 모든 것이 잘 될 것이라며 위안을 삼았다. 한방을 기대하면서….

*

부부는 사인의 말과 행동에 믿음이 가지 않았다. 생각하고 계획했던 일이 되고, 안 되고는 다른데 있는 것이 아니라 스스로 믿고 노력하는데 있는데…. 부부는 묵묵히 봉사활동을 했다.

심인진리의 실천

"사람의 제일 목적은 심인을 깨쳐서 생멸 없이 삼세와 시방세계에 자유자재하는 것이다. 심인진리는 깨달아서 실천해야 되는 진리이지 의뢰적인 진리가 아니다. 모든 공덕은 자신의 실천으로 얻어지는 것이지 돈을 주고 사는 것도 누구에게 얻는 것도 아니다. 오직 부처님의 법으로 진실하게 배워서 깨닫고 실천해야 진리의 묘득을 증득하게 되는 것이다. 심인진리는 아는 마음과 구하는 마음으로는 얻을 수 없고 진리를 깨닫는 교이므로 실천교라 한다."

《실행론》2-2-5 (가)

# 17

## 몸은 마음 따라 움직인다

　　버스에서 내린 도로에서부터 경마장까지 이어진 길가에 서 있는 가로수는 유난히 촘촘해 보였다. 1킬로미터 남짓 연결된 길에 메타세쿼이아가 줄지어 서 있는 모양새는 터널을 연상케도 했다. 메타세쿼이아가 양쪽으로 펼쳐진 도로를 지나고 논을 가로질러 섬처럼 들판 가장자리 산 중턱에 경마장은 자리 잡고 있었다. 경마장으로 오가는 길 메타세쿼이아를 볼 때마다 순보가 받는 느낌은 늘 달랐다. 기대를 하고 경마장으로 들어갈 때거나 기대치를 달성한 뒤 경마장을 벗어날 때와는 달리 실패했을 때의 느낌은 사뭇 달랐기 때문이다.

　　이날도 참담했다. 순보는 비에 젖어 풀이 다 죽은 베옷처럼 허물허물 해진 몸을 간신히 가누며 한 발 한 발 경마장을 향해 걸음을 옮겼다. 새벽 인력시장에서조차 픽업되지 못한 몸을 이끌고 일당이라도 건져볼 심사로 경마장을 찾아가는 중이다. 일용할 양식을 구해야 한다는 마음의 부담감이 사람을 더 주눅 들게 해서 몸을 흐느적거리게 했다. 죽지 못해서 살아야 하고, 살아 있기에 죽을힘을 다해 하루하루를 연명해야 하는 얄궂은 운명을 타고난 것처럼 여겨져 자포자기했던 적도 한두 번이 아니었다.

"쟈는 걱정하지 말그레이. 소띠니까 오십 넘어마 지 일 알아
서 하고, 돈 걱정 안 하믄서 살게 될끼라."

어릴 때 어머니와 그 누군가가 나누던 소리를 귀담아 들어 놓은 말이다. 쥐구멍에도 볕들 날 있다는 말을 신봉까지 하지는 않지만, 어느 날 갑자기 일확천금을 거머쥐었다는 사람들의 이야기를 심심찮게 듣고 있었던 터라 순보는 돈 걱정 안하면서 살게 될 거라는 말을 쉬 내려놓지 못했다. 믿기도 그렇지만, 그렇다고 믿지 않을 수도 없는 노릇이라 행여나 하며 기회를 보아온 것도 사실이다. 순보가 경마장을 찾는 이유도 실낱같은 희망일지나마 기회가 한 번은 자기를 찾아올 수도 있지 않겠는가 하는 나름대로의 얄팍한 믿음이 있어서였다. 그럴 때마다 허영에 사로잡힌 것처럼 마음 한 구석이 아리면서도 허전한 것은 또 어쩔 수가 없었다. 선과 악을 지은 대로 고와 낙을 받는다는 어디서 주워들었던 한마디가 순보의 마음을 흔들어 놓기 일쑤였다.

김유신과 천관사 이야기가 순보의 머리를 스친 것은 그 때였다. 젊은 시절 혈기 왕성했던 청년 유신은 한때 천관녀라는 기녀를 좋아해서 매일처럼 그녀가 있는 기방을 드나들었다. 그 사실을 안 어머니가 하루는 아들을 불러놓고 엄하게 타일렀다. 할아버지와 아버지처럼 나라를 위해 큰일을 할 생각은 않고 매일같이 무엇에 홀린 사람처럼 기방 드나드는 것을 자제했으면 한다는 절박하고도 간곡한 소원을 담은 주문이었다. 어머니의 말을 새겨들을 수밖에 없었던 청년은 다음날부터 술 마시기를 자제하면서 천관녀 찾아가는 것을 자제했다. 그러던 하루는 친구들과 어울려 술을 마신 상태에서 집으로 가려고 말 잔등에 올라탔다. 그런데 깜빡 잠이 들고 말았다. 말은 잔등에 올라탄 주인이 술을 마시면 언제나 그랬던 것처럼 천관녀가 있는 기방으로 발걸음 했다. 이윽고 말 때문에 천관녀를 만나게 된 유신은, 반색을 하며 반기는 천관녀와 반대로 정신이 번쩍 들면서 어머니가 소원이라며 당부했던 바를 상기하면서 단숨에 칼을 빼들고 말목을 내리쳤다. 그 일이 있은 후 유신을 아예 볼 수 없었던 천관녀는 사무치는 그리움을 견디지 못해 스스로 목숨을 끊고 말았다. 훗날 김유신은 이날의 일을 상기하면서 천관녀의 넋을 달래주기 위해 천관사를 세웠다는 이야기다.

　　순보는 더 이상 걸을 수가 없었다. 가던 길을 멈추고 메타세쿼이아 한 그루를 의지해 등을 기댔다. 축 처진 몸은 이내 메타세쿼이아 줄기를 타고 미끄러져 내렸다. 손쓸 겨를도 없이 메타세쿼이아 밑동까지 미끄러져 내려 엉덩방아를 찧고 말았다. 노동판에서 잔뼈가 굵어 웬만한 충격에는 단련된 몸이라지만 워낙 몸에 붙은 살이 없어 엉덩뼈에 금이라도 간 듯 아리고 아팠다. 일당이라도 건져볼 심사로 경마장을 찾아가던 중에 당한 변이라 걱정이 앞섰다. 하루 벌어 하루를 사는 사람이 다치기라도 해서 몸져 눕기라도 한다면 이만저만 낭패가 아닐 수 없었다. 안간힘을 다해 몸을 일으켜보려고 무진 애를 썼지만 땅에 붙은 엉덩이를 뗄 수가 없었다. 따끔따끔한 통증을 못 이겨 손으로 엉덩이를 감싸 안으며 하늘을 올려다보았지만 터널처럼 우거진 메타세쿼이아로 뒤덮인 하늘은 보이지 않고 눈앞에 펼쳐진 노란 장막 주변으로 아지랑이만 아롱거릴 뿐이었다. 정신까지 몽롱해지는듯하더니 이내 눈이 스멀스멀 감겼다.

청년 유신을 잔등에 태운 말이 주인의 마음을 따라서 움직이고 있는 것이 가물가물 보였다. 술에 취한 유신이 천관녀에게 찾아갈 엄두를 내지 못한 채 갈팡질팡 하고 있을 때 말이 주인의 마음을 먼저 알아차리고 기방으로 터벅터벅 걸어가고 있는 것이 아닌가. 유신이 칼을 빼들고 말목을 내리치려는 찰나 화들짝 놀라 눈을 뜬 순보는 꿈인 듯 생시인 듯 너무나 또렷하게 보아 버린 그 광경에서 한동안 헤어날 수가 없었다. 엉덩이 쪽이 아파 몸부림을 치다가 눈을 뜨기는 했지만 자신의 의지와는 상관없이 마음이 알아서 몸을 움직이는구나 하는 알음알이를 얻었다. 하릴없을 때마다 경마장을 찾아드는 자신이 한심스럽게 여겨지기 시작한 것은 그 때다. 유신은 말목을 베었다지만 자기는 발목을 끊어버려야 하나 하는 생각이 불현듯 치밀어 오르면서 눈물도 주룩 흘러내렸다. 자신이 없었다. 몸 하나를 믿고 의지하면서 행여나 아프기라도 할까봐 전전긍긍하는 삶인지라 발을 잃어버리면 죽은 목숨에 다름 아니라는 생각이 미치자 그럴 수는 없는 일이라며 도리질을 했다.

"만약 재보 탐하는 자/ 재보 구할 마음발해 그 재물을 경영하는/ 행 지음과 같으니라.//"

순보는 이 말을 되새김하면서 그동안 공허한 믿음으로 갖고 있었던, 요행만 바라던 마음을 내려놓기로 했다. 마음을 바로 쓰고 열심히 노력해야 잘살 수 있는 이치를 왜 여태 몰랐을까 하는 회한이 밀려들면서 부끄러운 마음까지 들어 고개를 떨궜다. 마음이 움직이는 대로 몸이 반응한다는 사실을 몰랐던 어리석음의 뉘우침도 한꺼번에 엄습해 왔다.

순보는 한 손으로 엉덩이를 받치고 또 다른 한 손으로는 땅을 짚고 메타세쿼이아에 기댄 채 억지로 몸을 일으켰다. 간신히 발걸음을 해서 버스가 다니는 도로변에 다다르자 터널처럼, 방음벽처럼 하늘을 가리고, 길가를 가리고 서있던 메타세쿼이아가 하나둘 씩 물러나며 하늘이 열리고 들판이 보였다. 요행을 바라던 허영을 내려놓고 나니 그동안 닫혀 있던 세상이 열리는 듯 했다.

## 불심인의 예참공양

"내 마음 가운데 부처님이 계시는데 어찌 어긋난 행을 할 수 있겠는가.
남을 속이고 욕하고 헐뜯고 불법을 비방하고 탐진치貪瞋癡를 앞세워 중
생을 괴롭히고, 내 이익을 위하고 나를 내세우고 본심을 천대하여 받는
재화災禍의 두려움을 모르고 무서운 죄악의 씨를 심는가. 어리석고 불
쌍한 중생들은 지금도 늦지 않으니 불심인佛心印의 진리가 요료분명了
了分明하여 신통하고 미묘하게 우리의 심중에 있는 것을 깨쳐야 한다.
깨치기 전에는 일체 구박을 다해 왔지만 깨친 후는 조심조심 한 순간도
잊지 말고 생각해야 한다. 그 심인을 공경하고 예참공양하며 항시 환희
하고 괴롭지 않게 해야 한다."

《실행론》2-2-6

# 18

부처님 빽*

　허물어진 석축 자리에 이제는 철근콘크리트구조물이 들어서
야 한다고 했다. 수만의 강변이었다. 석축보다 견고하고 영구적
이라서 수십 년 동안 더 이상은 다시 쌓기를 하는 수고로움이 필
요 없다는 수만의 주장에 누구 하나 토를 달지 못했다. 철근자재
상을 하는 수만의 꿍꿍이라는 것을 짐짓 눈치 챈 이는 훈장이었다.
그렇다고 훈장도 수만에게 쉽사리 제동을 걸고 나서지는 못했다.
수만은 이런 때가 올 것을 미리 알고 그동안 마을회관을 찾아 과
자부스러기에다 고기안주까지 온갖 것들을 자주 풀어놓았다. 마
을 사람 중 그것을 한 점이라도 집어먹지 않은 사람은 아무도 없

* back·뒤에서 받쳐 주는 세력이나 연줄을 속되게 이르는 말

었다. 수만이 던져준 미끼를 받아먹었던 입으로 그의 사욕이 섞인 주장이 틀렸다고 할 수는 없었다. 공짜로 얻어먹었던 것에 대한 보답을 그렇게는 할 수 없다는 것이 대부분 사람들의 생각이었다. 순진하고, 남을 해할 줄 모르는 마을 사람들의 인심이 그러했다. 훈장도 마찬가지였다. 뒷날을 내다봐서는 당연히 수만의 생각이 그르다고 해야 했지만 끝내 말을 뱉어내지 못했다. 몇 번이나 용기를 내보기는 했지만 그때마다 목구멍으로 기어 올라오던 말이 그동안 얻어먹었던 기름덩어리와 과자부스러기에 뒤범벅돼 미끄러져 내리면서 입 밖으로 나오지를 않았다.

섬목마을의 상징과도 같았던 성곽 석축은 이렇게 해서 사라지고 말았다. 마을 사람들 모두가 공범자였다. 고풍스런 석축이 있던 자리에는 철근을 섞어 짓이겨 놓은 콘크리트구조물이 맨 얼굴에 덕지덕지 붙어 있는 흉터처럼 볼썽사납게 뒤덮이고 만 것이다. 수만도, 훈장도 세상을 떠나고 난 뒤 섬목마을 성곽은 처음부터 그랬던 것처럼 몇 세대를 거치면서도 끄떡없이 그 자리를 지켰다. 다시 쌓기를 해야 하는 수고로움이 필요 없다는 수만의 이 한 가지 말만은 맞아떨어졌다. 처음부터 그랬다는 말은 두어 세대가 지나고 세월이 흐르면서 자연스럽게 굳어졌다. 섬목문화원은 사설연구원들의 머리와 손을 빌어 없던 사실을 덧붙이기까지 했다. 전후좌우 사정을 모르는 사람들의 입만 빌었다. 철이 많이 생산됐던 지역의 특수성에 따라 처음부터 철근콘크리트구조물로 성곽을 쌓았다는 기록물을 만들어낸 것이 대표적인 사례다. 민

낯을 도려내고 덧칠까지 해댄 셈이다. 이러한 기록물들은 섬목문화원 보관자료에 그대로 옮겨져 있어 거의 정설로 받아들여졌다. 창작된 이야기가 사실적인 역사물로 떡하니 자리를 굳히게 된 셈이다.

젊은 고고학자 찬현의 생각은 달랐다. 문화원을 찾아 자료를 살펴보면서 든 의문은 시간이 갈수록 커져만 갔다. 성곽의 역사에 비할 때 철근콘크리트구조물이 처음부터 있었다는 것은 있을 수 없는 논리라는 상식적인 접근을 통해서였다. 성곽 주변을 샅샅이 훑으면서 지질을 조사하고 지형을 분석해본 바로 문화원 자료가 뒷사람들의 구술에만 의존한 것이라는 판단이 들었던 것이다. 조금만 주의를 기울여보면 금방 드러날 누군가의 농간이자 날조임이 분명해 보였다. 철근자재상을 했던 한 인물의 사리사욕과 꾐에 의한 훼손사건이라는 사실이 밝혀지기까지 얼마간의 시간이 걸렸다.

찬현이 이 사실을 논문으로 작성해 고고학회지에 발표하자 가장 당혹스러워 한 곳은 섬목문화원 사람들이었다. 지방문화재 등록을 위해 그동안 거금을 들여 만든 보고서가 엉터리 될 지경에 넣 놓고 있을 수만은 없는 일이었기에 사설 연구원들을 다시 동원하기로 했다. 찬현의 논문이 잘못됐다는 오류를 지적하고 조목조목 반박해달라는 제의였다. 사설 연구원은 문화원에서 제시한 액수보다 더 큰 거금을 요구했다. 반박자료는 얼마든지 가능하다는 너스레를 떨며 돈이면 안 되는 것이 어디 있냐고 까지 하는 둥 허풍을 떨었다. 말이 사설 연구원이지 의뢰인의 요구가 있으면 뭐든지 하고, 또 할 수 있는 집단이었던지라 그들은 찬현을 겁박하는 일부터 착수했다. 연구논문을 철회하라는 노골적인 회유와 협박에 가까운 짓거리를 일삼는 것도 마다하지 않았다.

찬현의 가족들이 겪는 정신적인 고통도 이만저만이 아니었다. 사설 연구원에서 붙인 사람들이 집 앞에서 진을 치는가하면, 아들이 다니는 학교까지 찾아가 미행을 하는 등으로 정신적인 괴롭힘을 감행한 것이다. 찬현은 그럴수록 아들을 단속시키면서 세미나를 준비하고 언론사에도 알리기 시작했다. 완력으로, 돈의 힘으로 진실을 왜곡하려는 무리들에게 마냥 당할 수는 없다는 것이 찬현의 생각이었다. 진실은 언젠가 바로 세워진다는 이치를 찬현은 믿었다.

"법法은 듣고 알기만 하여 입으로 이야기만 하고 행하지 못하면 아는 마음은 상相밖에 안 된다."

찬현은 이 법구를 되새기면서 힘을 내고 용기를 냈다.

"법신불의 당체대로 방편 쓰지 아니하고 세간 진실 모두 밝게 설법하신 것이니라."

"득실무착 우희부동 수미같이 안주하면 이것이 곧 지자이며 공경해도 기쁨 없고 경만해도 진에 없이 그 지혜가 바다 같고 남의 과실 말 안하며 자기 덕을 칭송 않고 자타 없이 관조하면 대 명칭을 얻을 지며 용맹으로 정진하여 일체 상을 원리하고 아만 모두 없애는 자 진실 지자 되느니라."

자기 공 없이 남이 해놓은 것을 무작정 받아들이는 것은 문제가 될 수밖에 없다. 특히 어느 한 가지 주제를 갖고 파고드는 연구 분야에 있어서 검증되지 않은 저자거리의 이야기 삼아 떠도는 말을 의심 없이 받아들이고 보고서로 쓴다는 것을 더더욱 있을 수 없는 일이 아니던가? 찬현은 사설 연구원들의 코를 납작하게 만들어 놓고 싶은 열망을 부글부글 끌어올리면서 마음을 다잡고 또 다잡았다.

"만약 유위 세력으로 널리 증익 못 하거든 무위법에 주하여서 보리심만 관할지라. 불이 이에 만행 갖춰 정백하고 순정한 법 만족 한다 설 하니라."

찬현은 심인당을 찾아갔다. 혼자의 힘으로 사설 연구원의 횡포를 감당할 수가 없을 듯싶었다. 진실이 밝혀지기까지 의지하고 믿을 것은 부처님 뺀 뿐이라는 심정으로 심인당에 앉아 염송을 했다. 한참 뒤에 마음 속 깊은 곳으로부터 솟아오르는 힘을 느꼈다. 이 보다 더 큰 용기는 없겠다 하는 마음이 들었다. 권세 있는 어떤 사람의 도움도 여기에는 비할 바가 아니라는 생각을 하며 심인당을 나섰다.

"박찬현 선생님. 선생님의 의견을 받아 들여 지방문화재 신청을 당분간 보류하기로 했습니다. 저희 문화원에서는 지방정부와 논의해서 철근콘크리트구조물 성벽을 걷어내고 원상복구 하는 방안도 연구하겠습니다. 선생님의 연구결과에 존경을 표합니다."

찬현이 심인당을 나서면서 습관적으로 휴대폰을 켜자 장문의 문자메시지가 도착해 있었다. 참으로 빠른 효과였다. 찬현은 부처님 빽을 새삼 실감했다.

## 심인진리의 묘득

"법法은 듣고 알기만 하여 입으로 이야기만 하고 행하지 못하면 아는 마음은 상相밖에 안 된다. 또 무엇을 구하는 마음은 있으나 자기 심중에 있는 모든 죄의 근본이 되는 허물조차도 못 고치고, 아들 딸 남편 잘 되게 여러 가지 자기 서원만 충족하려는 욕심에 구하는 마음만 꽉 차 있다. 부처님의 진실한 가르침은 듣기만 하고 행하려는 노력이 없으니, 어찌 좋은 공덕을 바라겠는가?"

《실행론》2-2-7

# 19

## 자기를 바로 보아야

불상은 단아했다. 그다지 크지도 않고, 그렇다고 작지도 않았다. 너무 커서 위압적이지 않을뿐더러 너무 작아서 볼품없지도 않은 그야말로 고졸함의 아름다움이 서려 있었다. 한국형 맞춤식이라는 말이나 표현이 딱 어울리는 불상이었다. 마음의 끌림이 그만큼 강해서였는지는 모를 일이나, 영험하기로 소문이 나 있다는 말도 의심 없이 받아들일 수 있었다.

"방구들 짊어지고 낑낑대지만 말고 부처님이라도 한번 찾아가봐. 구경삼아서 바람이라도 쏘이며 머리라도 식히면 좋잖아. 이래가지고 우짤라카노. 향화산 돌부처님이 아주 대단하다고 하더라. 거기 경치도 아주 좋고…."

상만의 말을 듣고도 며칠을 더 머뭇거리던 길상이 길을 나선 것은 새벽녘에 눈을 뜬 날 댓바람이었다. 차를 끌고 네 시간을 달려서 향화산 산허리에 도착해서는 주차장에 차를 세워놓고 산길을 한 시간은 족히 걸어서 불상 앞에 설 수 있었다. 숨은 턱까지 차고도 넘쳤다. 비행기나 배를 탔을 때 느꼈던 것처럼 속이 매스꺼운 멀미까지 나면서 머리도 지끈지끈 아픈 듯했다. 산허리 춤에 있는 주차장에 차를 세워놓고 산길을 따라 걸어갈 때는 한 번도 쉬지 않아야 부처님의 영험을 온전하게 받을 수 있다고 했던 상만의 말을 곧이곧대로 믿었던 때문에 도중에는 쉴 수가 없었다. 평소에도 산을 좋아하지 않았기에 산길을 걸어본 적이 없었던 터라 정강이도 끊어질 듯이 아팠다. 늘 다니는 사람들은 30여 분이면 거뜬하게 오른다는 곳을 곱절은 더 걸렸다.

불상 앞에 이르러서야 길상은 헐떡거리는 숨을 겨우 진정시키고 정강이뼈를 두 손으로 감싼 채 한참을 주물럭거리다가 눈으로 가장자리를 찾아 더듬었다. 사람들의 눈치를 봐가면서 간신히 그곳으로 걸음을 옮겨 절하기 시작했다. 처음에는 주변의 사람들이 의식돼 쭈뼛댔지만 누구도 옆 사람에게는 관심을 가지지 않는다는 것을 이내 눈치 챘다. 다들 자기 절하기에 바빠 보였다. 길상도 더 이상 주변을 의식하지 않고 절을 한 번 할 때마다 염주 한알을 굴렸다. 팔이며 목뼈까지 금세 아파 왔다. 한계점에 다다른 듯싶은 순간을 간신히 참으며 무릎을 꿇고 엎드린 자세로 염주알을 세어보았다. 절을 한 횟수가 열여덟 번에 지나지 않았다. 눈앞이 캄캄했다. 108번은 해야 한다고 했던 상만의 말을 대수롭잖게 생각했던 것이 오산이었구나 하는 마음이 그제야 들었다. 이미 주눅이 들어 퍼져버린 몸은 더 이상 움직이기가 어려울 듯싶었다. 난감했다. 이것 밖에 안 되는가 싶어 자신이 한스럽기도 하고, 여태 뭐하며 살아왔는지도 의아스러웠다. 꽉 막힌 출구가 더는 열릴 것 같지 않아 보여 새로운 기회는 없는가 싶은 생각도 들었다. 훤한 대낮이었지만 눈앞에 보이는 것은 칠흑 같은 암흑천지였다. 어찌 이 지경까지 오게 됐는지도 모를 정도로 머리는 다시 복잡해졌다.

길상은 더 이상 절을 하는 것은 무리다 싶어 자리를 떴다. 자신이 걸어서 올라왔던 산길이 내려다보이는 길목을 찾아 작은 돌멩이 하나에 엉덩이를 걸치고 앉았다. 위에서 내려다본 산길은 굽이굽이 휘거나 깎아지른 듯해 보기에도 아찔했다. 경사가 70도는 족히 되어 보였다. 자신이 처했던 지난날의 상황이 떠올라 고개를 떨궜다. 생각지도 못했던 일이었다. 회사에서 갑자기 밀려나면서 모든 의욕을 잃고 세상을 등지기 시작했던, 다시는 떠올리기조차 싫을 정도로 끔찍스러웠던 사태가 미끄럼틀을 타고 미끄러져 내리듯이 온 몸으로 엄습해 들었다. 숨이 차고 머리가 지끈거리며 정강이가 시리고 팔이 아프면서 비 맞은 듯 흘러내리던 땀조차 식는지 한기가 느껴졌다. 으스스하게 몸이 떨리면서 눈도 흐릿해지며 오르내리는 사람들로 뒤덮인 산길이 마치 살아 있는 것처럼 꿈틀댔다. 생물처럼 움직이고 있는 것으로 보였다. 그러면서 길상이 앞으로 돌진해오는 착각에 사로잡혔다. 그들을 피하기 위해 몸을 비틀었다. 몸이 반응하지 않으면서 옆으로 쓰러지고 만 것이다. 순간 정신을 잃은 모양이었다.

"이봐요, 이봐요, 괜찮겠어요?"

어느 정도 의식이 돌아오기는 했으나 쉬 일어나지를 못한 채 모로 누워있을 때 주변에 사람들이 몰려들어서는 쪼그리고 앉아 팔이며 다리를 주무르는가 하면 몸을 흔들면서 말을 시켰다. 이름을 알 수 없으니 몸을 흔들어서라도 깨워보려고 안간힘을 쓰는구나 하는 생각이 들었다. 순간적으로 주변 사람들에 대한 미안한 마음도 있었지만 끝이 보이지 않는, 출구 없는 터널 속이라면 차라리 눈을 뜨고 싶지 않다는 망상 속으로 빨려들었다. 나락으로 떨어지지 않기 위해 안간힘으로 버티며 하나 남은 나뭇가지를 잡고 있던 손에서 힘을 빼고 싶었다. 손에서 힘을 빼면 나뭇가지를 놓치게 되고 나락으로 떨어지는 것은 엄연한 사실이었다. 그러면 모든 것은 끝이 난다.

그만도 여의치 않다는 것은 이내 알아차렸다. 길상은 눈을 뜨고 그제야 의식을 되찾은 듯이 몸을 뒤채다가 천천히 일어났다. 주변에서 어쩔 줄 몰라 하며 지켜보고 있던 사람들이 한숨을 내쉬며 안도하는 듯이 보였다. 어쨌거나 자리를 피해야 한다는 생각만 간절했다. 길상은 민망한 순간을 어쩔 줄 몰라 하며 머리를 조아리고 연신 꾸벅거린 뒤 자리를 털고 일어났다. 사람들이 없어 보이는 반대편 쪽으로 걸음을 옮겨 자리를 잡은 길상은 가슴을 쥐어뜯듯이 스스로를 탓했다. 원하는 것을 취하기도 쉽지 않았지만 모든 것을 버리고 마지막 순간을 맞이하는 것조차도 뜻대로 할 수 없을 정도로 나약한 자신이 밉고 싫었다. 지금 이 순간 모든 것을 잃는다 해도 아쉬울 것 하나 없고 미련도 없는데 될 대로 되라 하는 심정이었다.

　물 한 모금으로 목을 축인 길상이 한참 후에 다시 부처님 앞에 섰다. 죽더라도 절을 하다가 죽겠다는 다짐이 선 것이다. 한 번, 두 번, 세 번…, 다시 절하기 시작했다. 몸이 가볍다는 느낌이 들었다. 처음 절을 할 때와는 다른 느낌이었다. 그렇게도 힘들었던 몸이 무엇에 떠받쳐 붕 떠 있는 것처럼 여겨졌다. 이상하다는 생각을 하면서 절하는 동안 팔다리가 조금씩 아파 오기는 했다. 얼굴이며 온 몸이 땀범벅은 됐지만 금세 108배를 채울 수 있었다. 108배를 마치고 선 채로 불상을 올려다본 길상은 눈을 의심하지 않을 수 없었다. 불상은 온데간데없고 자신이 그 자리에 서 있는 것이 아닌가. 마치 거울 앞에 서 있듯이 자신의 모습이 바로 보인 것이다. 길상은 어찌된 영문인지 몰라 하며 연신 눈을 비벼보았다. 그리고는 아직도 흐릿한 의식에 사로잡혀 있는 것은 아닌지 하는 걱정이 몰려왔다. 쓰러졌다가 몸은 살아났지만 의식은 살아나지 못한 것은 아닌지 하는 엉뚱한 생각도 들었다. 놀란 가슴은 주체할 수 없을 정도로 흔들렸다. 그러면서도 마음 한 구석에서는 무어라 표현하기 어려운 뿌듯한 생각도 들었다. 도저히 다 채우지 못할 것 같았던 108배를 거뜬히 해치운데 대한 자신감 같은 것인지, 아닌지도 알 수 없었다. 두려움 반, 기쁨 반, 그야말로 황당했다. 그러나 결코 두려운 마음은 없었다. 더 이상 잃을 것 없는데 뭐… 하는 마음으로 생각을 편안하게 가지자 이내 두근거림은 진정됐다. 누구나 할 수 있는 것은 아니지만, 하려고 마음만 먹으면 누구나 할 수 있는 것이 사람의 일이라는 생각도 들면서 처음 해본 108배를 통해 잃었던 자신감을 되찾았구나 싶어 그 어떤 것을 이룬 순간보다 기뻤다. 마음을 비우고 욕심을 내려놓으니 그동안 보이지 않았던 것이 보이기 시작한 것이다.

《실행론》으로 배우는 마음공부 ⑲

심인불교는 본심을 깨친다

"심인불교는 본심을 깨치는 진리이다. 내 마음이 작으면 탐진치로 인해 이웃과 동네와 나라와 화합하지 못한다. 마음의 고통은 탐진치 삼독 三毒으로 생긴 병이니, 지비용 智悲勇으로 육바라밀을 실천하는 것이 약 藥이다."

《실행론》2-3-2 (가)

# 20

## 1만년에 핀 연꽃

전설의 꽃, 상상 속의 꽃으로만 생각했던 붉은 연꽃을 처음 본 순간 초우는 가슴이 콩닥콩닥 뛰어 좀체 마음을 진정시킬 수 없었다. 남자의 순정을 다 바쳐 난생 첫 여자를 품에 안았을 때의 떨림보다도 더했다. 가람연지에 핀 붉은 연꽃을 처음 발견한 초우는 당시 산에서 나는 약초를 찾아 두 발로 돌아다닐 수 있는 곳은 가리지 않고 어디든 헤매고 다녔다. 철 따라, 길 따라 얻는 약초도 가지가지였다.

초우가 붉은 연꽃을 찾아낸 것은 깊은 산 속 작은 연못가에 다다랐을 때다. 그곳이 가람연지라는 것을 안 사실은 나중의 일이었다. 산을 넘고 골짜기를 헤맨 그 때도 늦여름이었던지라 이마에는 땀방울이 송골송골 맺혀 간지럽기까지 했다. 초우는 연못가에 쪼그리고 앉아 두 손으로 물을 떠 얼굴을 적셨다. 그리고는 풀 섶을 찾아 드러누웠다. 숨골을 타고 올라와 대롱거리던 거친 숨결은 어느새 잦아들었다. 앙증맞은 새털구름 한 조각이 먼 하늘에 홀로 떠 있는 것이 보였다. 불면 날아갈 듯, 손을 휘저으면 흩어질 구름을 보는 순간 미르가 보고 싶었다.

후닥닥, 산짐승 뛰어가는 소리에 놀란 초우가 주변을 두리번거렸을 때 지금까지 맡아보지 못했던 향기가 은은하게 풍겼다. 처음 본 작은 연못은 삼면이 야트막한 산으로 둘러싸여 있어 우묵하게 파인 절구통 같기에 향기를 가두고 있는 듯싶었다. 디딜방아 공이에 찧여도 돌확 밖으로 튀어 오르지 못하는 곡물처럼, 향기가 산을 넘지 못하고 연못가에 그대로 모여 있었던 셈이다. 초우는 야릇한 향기에 의지해 마음속에 미르를 그려보았다. 향기가 미르를 닮았다는 생각이 시나브로 들었기 때문이다. 초우는 혹시라도 미르가 연못가 어딘가에 와 있을지도 모른다는, 되지도 않은 생각을 하며 몸을 일으켜 향기가 나는 곳을 찾아 살금살금 발걸음을 떼어놓았다. 둔치에서 물가로 내려서서 이리저리 한참을 둘러보아도 향기를 내뿜을 만한 어떤 것도 눈에 들어오지 않았다. 마침 불어온 명지바람에 묻혀온 향기가 다시 날아들었다. 초우는 바람이 불어온 쪽으로 눈길을 주다가 성큼성큼 걸음을 옮겼다. 얼기설기 엉켜 있는 칡넝쿨에 가려 좀체 눈에 띄는 것이 없었다. 약초를 찾아 나설 때처럼 향기를 좇아 무작정 칡넝쿨을 헤치고 얼굴을 디밀었다. 칡넝쿨 뒤에는 붉은 꽃이 활짝 피어있었다. 남들이 절대로 찾지 못하게 누군가가 숨겨서 심어놓은 것처럼 붉은 꽃이 여인네의 가슴팍만한 넓이로 자리하고 있었다.

첫눈에 연꽃이라는 직감이 들었다. 물위에 뜨다시피 널브러져 있는, 솥뚜껑을 뒤집어 놓은 모양의 커다란 잎에는 물 한 방울 묻어있지 않았다. 마침 초우의 얼굴에 송알송알 맺혔던 땀방울 하나가 잎사귀에 떨어지자 또르르 미끄러지듯이 금방 물속으로 풍덩 빠져버렸다. 속을 헤집으니 씨방이 떡 하니 자리를 잡고 있어 연꽃이라는 것을 확신하게 됐다. 뿌리는 확인해보나 마나였다. 연꽃이라는 것을 단정한 초우는 더할 나위 없이 기뻐 어찌할 줄을 몰라 하다가 다리를 삐끗하면서 주저앉아 엉덩이를 물에 빠뜨리고 말았다. 물에 빠진 몸이 시원했다. 여름더위가 순식간에 달아났다. 넓고 크고 둥글고 속이 꽉 찬 연꽃과 연잎, 씨방을 닮은 듯 초우의 마음도 그득함이 느껴졌다.

연꽃과 연잎은 물론 연 뿌리는 버릴 것 하나 없는 식물이다. 굵고 튼실한 뿌리와 잎자루는 먹을 수도 있다. 뿌리를 먹으면 허약한 원기를 북돋워주고 체력을 보강시켜 주는 작용을 한다고 알려져 있다. 입안이 헐거나 염증이 생겼을 때는 달인 물을 머금으면 좋고, 각혈을 하거나 하혈을 하는 때는 즙을 짜서 먹으면 더없이 좋다고 한다. 연잎은 치료제로도 이용된다. 다친 곳을 아물게 하거나 진물을 마르게 하고 피를 멎게 하는데 효과가 있다는 것이다. 어린아이들이 잠을 자다가 실수를 하는 오줌치료제로도 탁월하다고 알려진 약초다. 1만년이 지나도 싹을 틔울 수 있으며, 옹

골찬 자생력을 가진 덕분에 남녀의 영원한 사랑을 상징하는 연 씨앗은 부작符作의 일종으로, 숭배의 대상이 되기도 했다. 원하는 바를 마음에 새기며 늘 반복해서 생각하고 덕을 쌓아 사람됨의 도리를 다하면 언젠가는 필시 효험을 볼 수 있다는 믿음이 사람들의 입에서 입으로 전해지면서 널리 퍼져 있기까지 했다. 생명력이 질긴 것으로는 연 씨앗을 당해낼 것이 세상에 더 이상 없는 듯 했다.

초우가 그의 아버지로부터 들었던 연꽃은 전설의 꽃에 다름 아니었다. 초우의 아버지가 그의 아버지로부터 전해 들었다는 연꽃에 대한 이야기는 옛 구야국 출현시기로까지 거슬러 올라간다. 구야국을 탄생시킨 수로왕이 아내로 맞아들인, 바다를 건너온 아유타국의 왕녀 허황옥의 행적과 관련돼 있다. 아유타국에서 연꽃은 각종 신들의 어머니인 라지브를 상징하는 꽃으로 인식돼 왔다. 구야국 황후의 몸이 된 아유타국 왕녀가 바다를 건너 시집오면서 연꽃을 가지고 올 수 없어 씨앗 5알을 가져온 것이 시초라는 것이었다. 황후는 고향을 그리워하는 마음으로 그처럼 귀한 꽃을 하루빨리 보고 싶어 구야국에 도착하자마자 뒷마당에 연못을 만들어 달라고 해서 정성 들여 씨앗을 심었다. 다시는 가볼 수 없을 먼 나라, 고향을 그리워하며 황후는 매일 같이 연못에 나가 꽃이 피기를 기다렸다. 부모를 그리워하는 마음도, 떠나온 친정의 나라를 생각하는 마음도, 연꽃으로 대신할 수밖에 없었기 때문이다. 황후의 지극한 정성에 하늘도 감복을 했던지 씨앗을 심은 바로 그 이듬해부터 연꽃은 아름다운 자태를 드러냈다. 모두가 신기해하면서 관심을 가졌다. 황후가 그토록 애지중지하며 돌보던 연꽃은 해를 거듭할수록 더 크고 더 아름답게 피어났다. 색깔도 여러 가지로 자태를 뽐냈다. 이 땅의 풍토와 기후에 따라 제 스스로 몸을 바꾼 듯싶었다. 그것이 아니라면 황후의 애절한 마음이 그러한 변화를 가져왔는지도 모를 일이었다.

초우는 순간 두려움을 느꼈다. 전설의 꽃, 상상 속의 꽃으로만 여겨왔던 연꽃을 직접 보다니…. 눈이 휘둥그레지고 두근두근 가슴이 떨렸다. 머릿속은 하얘지는 것 같았고 다리까지 후들거렸다. 눈앞이 캄캄했다. 칡넝쿨 옆으로 피씩 주저앉아 주변을 다시 살펴보았다. 향기만 은은하게 코끝을 자극할 뿐 어떤 인기척도 느껴지지 않았다.

1만년이 지나도 싹을 틔운다는 연 씨앗은 인(因) 지은 바대로 과(果)를 받는다는 준엄한 진리의 상징처럼 여겨졌다. 그래서 연꽃이 불교의 상징화로 간주되고 있는지도 모르겠다는 생각이 든 것은 그리 오래지 않아서였다. 초우는 향기에 마음을 빼앗기고, 뛸 듯이 기쁜 기분에 취해 연꽃에서 눈을 뗄 수가 없었다. 그 때 미르가 연꽃 위에 서 있는 것이 보였다. 그러면 그렇지…. 초우는 미르를 만나기 위해 벌떡 일어나 물속으로 바쁜 걸음을 옮겼다. 마음만 바빴지 물속에서 걷는 걸음은 더디기만 했다. 좀체 속도감도 느껴지지 않았다. 둘 사이가 어느 정도 좁혀졌다 싶으면 넘어지고, 또 넘어졌다. 다시 일어나 종종걸음을 옮기며 손을 뻗어 보았지만 미르는 잡히지 않았다. 미소만 지으며 꿈쩍도 않고 그 자리에 서 있을 뿐이었다. 1만년의 시간이 필요한 듯 연꽃 위에 서 있는 미르와 초우 사이는 좀체 좁혀지지가 않았다.

《실행론》으로 배우는 마음공부 ⓴

심인공부의 뜻 ①

"심인공부는 내가 짓고 받는 것을 확실히 깨닫는 것이다. 깨닫지 못하면 귀신놀음같이 될 수 있다. 우리는 항상 어리석어서 '목신이 와서 도와주는가, 산신이 와서 도와주는가, 수신이 와서 나를 도와주는가, 아니면 이러한 신들이 나를 해롭게 하는가?'라고 생각할 수 있지만 오직 내 마음으로 짓고 받는 것이 분명하다."

《실행론》2-4-2 (가)

# 21

## 비워야 산다

종이상자 하나가 시작이었다.

종이상자 하나가 할머니의 눈에 띄었다. 먼발치에서 보기에도 튼튼해 보이고 크기도 적당하게 좋아 보였던 종이상자는 할머니 마음에 쏙 들었다. 할머니는 종이상자를 물끄러미 바라보다가 아예 옆에 쭈그리고 앉아 안쪽을 골똘하게 살펴보았다. 뚫어지거나 찢어진 곳이 없었다. 물고기 비늘이 일어나듯 겉면에 들고일어난 흔적도 안 보였다. 말끔했다. 할머니는 아주 흡족한 마음으로 옆면을 둘러보기 시작했다. 앉은뱅이처럼 종이상자 주변으로 돌면서 매의 눈으로 하나하나 뜯어보았다. 완벽했다. 포장을 해서 묶었을 법한 밴드자국 하나 없었다. 손톱자국 하나라도 있을 법한데 어느 구석에서도 찾아지지 않았다. 새것이었다. 할머니는 만면에 미소를 함빡 지으면서 요모조모 궁리를 시작했다. 어디에 갔다두고 어떻게 쓸까, 장고를 거듭했다. 외손녀가 첫 월급을 탔다면서 사다주었던 빨간 내의를 받았을 때만큼 기분이 좋았다. 그러고 보니 그 외손녀를 보는 듯해 종이상자가 더 예뻐 보였다. 할머니는 오랜 생각 끝에 종이상자를 들고 일어서려다가 주변을 휘둘러보았다. 혹시 잃어버렸던 사람이 찾으려 다가오고 있지나 않을까 하는 생각이 든 것이다. 어디 하나 흠잡을 데 없이 완벽한 종이상자를 내다버렸을 리는 만무해 보였다. 그렇다고 마음에 쏙 드는 종이상자를 길에 내버려두고 미련 없이 가려니 발길이 떨어지지 않았다. 할머니는 좀 더 기다려보기로 했다. 어느 정도 기다리다보면 주인이 나타나든지, 버려진 것으로 드러나든지 결말을 볼 수 있을 것으로 생각했다.

종이상자를 집으로 들여놓은 할머니는 그 다음날부터 새로운 것을 찾아 나섰다. 미처 몰랐던 재미가 쏠쏠했다. 어릴 적 대다수의 소녀들이 흔하게 했던 우표 수집은커녕 낙엽을 모아 책갈피에 끼우는 것도 한 번 해보지 않았던 할머니로서는 의외의 사건이었다. 학교 숙제로 무엇을 모아오라고 할 때면 문방구에서 살 수 있는 것은 사서 가져갔다. 살 수 있는 것이 아니거나, 손이 가야 하는 것은 어머니를 도와서 집안의 허드렛일을 도맡아 하며 밥을 하고 빨래를 하던 식모가 대신해주었다. 그랬던 할머니에게 때늦은 수집벽이 생긴 것이다.

종이상자로 시작한 할머니의 수집벽은 나날이 커가면서 경험이 쌓이고 수완이 좋아져 수집업계의 내로라 할 능력자라 해도 과언이 아닐 정도로까지 발전했다. 종이박스는 말할 것도 없거니와 책이며 신문지 등 종이류를 비롯해 비닐, 캔, 병, 철근, 심지어 돌멩이까지 눈에 보이고 손에 짚이는 것이면 무엇이든지 닥치는 대로 낚아챘다. 쌍끌이 어선이 바다 속을 헤집으며 어린 물고기까지 싹쓸이하듯이 길 위에서 나뒹구는 것은 모두 할머니의 수집 대상이었다. 사정이 그렇다 보니 수집하는 물건의 양이나 부피도 점점 많아져 맨손으로는 도저히 감당할 수 없겠다 싶던 차에 마침 버려진 유모차를 발견한 것은 하늘이 돕고 신이 돕는 것처럼 보였다.

할머니는 유모차를 이용해 오전에 두 차례, 오후에 두 차례, 하루 네 차례씩 집으로 길거리 수집품을 모아 날랐다. 일일이 들고 이고 날라야 하는 수고를 대신해줄 유모차가 있어 크게 힘도 들지 않아 할머니의 수집바람은 나날이 더해만 갔다. 수집을 시작한지 며칠 지나지 않아 창고 하나가 가득 차올랐다. 할머니는 궁리를 하다가 세를 주고 있는, 창고 옆 미장원을 찾아가 비워달라고 했다. 미장원 주인은 선뜻 그렇게 하겠다면서 전세금을 빨리 빼달라고 했다. 할머니가 그렇게 하겠다면서 미장원을 나설 때 그러잖아도 창고에서 나는 이상한 냄새에 골머리를 앓았다면서 미장원 주인 여자는 차라리 잘된 일이라고 좋아했다.

길거리 수집품으로 창고가 가득 차고, 갓 비워준 미장원 자리가 반쯤 여유 공간을 남기고 있을 때 이번에는 미장원을 했던 옆

점포에 세 들어 있던 농약방과 자전거방을 동시에 다른 곳으로 옮기게 하면서 할머니의 마음은 더 풍성해졌다. 주워 모아야 할 것은 태산인데 쌓아둘 곳이 마땅찮아 걱정을 하던 차에 잘됐다 싶었다.

할머니는 2층집을 갖고 있었다. 1층은 세를 놓을 수 있는 점포가 4개나 되고, 2층은 살림집과 정원처럼 활용할 수 있는 넓은 공간이 있었다. 살림집 위 옥상도 얼마든지 활용할 수 있는 공간이었다. 할머니는 그동안 망각했던 부자가 된 기분을 새삼 실감했다. 늘어나는 길거리 수집품을 보면서 그랬고, 그것들을 쌓아둘 공간이 많다는 사실을 확인하고서 한 번 더 우쭐했다.

길거리를 쓸다시피 유모차를 끌고 다니며 수집품을 모아왔던 할머니에게 동네사람들의 원성이 쏟아지기 시작한 것은 채 6개월이 되지 않아서였다. 수집품으로 1층 점포 네 곳을 모두 채우고, 2층 살림집 앞 너른 공간과 살림집 위 옥상까지 가득 들어찼을 때였다. 누울 자리도 변변찮을 정도로 살림집은 말할 것도 없고 2층으로 올라가는 계단도 예외 없이 수집품으로 채워졌을 때였다. 급기야 동네사람들로부터 귀신 나오겠다느니, 냄새 때문에 도저히 살수가 없다느니, 온갖 질타가 이어지면서 구청에서도 여러 차례 나와 청소를 해주겠다며 할머니를 회유했다. 그럴 때마다 할머니는 손사래를 치다가 안 되겠다 싶으면 온몸으로 막고 나섰다. 돈이 될 만하니 구청에서 거저 가져가겠다는 것이 아니냐며 악다구니를 썼다. 아무리 하찮고 보잘것없는 길거리 수집품이라 하더라도 개인이 보관하고 있는 것을 허락 없이 함부로 처분할 수는 없었던 터라 구청 직원들도 난감했다.

그렇게도 완강하게 버티던 할머니가 그동안 모아온 길거리 수집품을 포기한 것은 정신과 치료를 받고 나서였다. 어떤 사람의 접근조차 외면하면서 집안으로는 절대 사람을 들이지 않던 할머니가 구청 여직원 한 사람의 끈질긴 노력에 넘어가 마음을 열고 받아들이면서부터 치료를 받기 시작했던 것이다. 구청 여직원은 담당직원들이 하는 이야기를 우연찮게 엿듣고 몇날 며칠을 고민 한 끝에 할머니를 찾아갔다. 할머니를 처음 찾아간 구청 여직원 역시 할머니에게 말을 걸었으나 되돌아오는 말이 없었다. 그 다음부터는 아예 아무 소리도 않고 팔을 걷어 부친 채 할머니를 따라 다녔다. 길거리 수집품을 모으고 유모차로 나르기도 하고 더럽고 비좁은 공간에서 같이 밥도 먹으며 심지어 잠까지 자면서 마음을 돌리려고 애를 썼다. 어르고 달래며 지난한 과정을 거뜬히 견뎠다. 한 달 만이었다. 할머니는 한 달을 지켜본 뒤에야 마음을 열었다. 어디 있는지도 모른 채 있으나마나 생각했던 딸처럼 구청 여직원을 대하기 시작했던 것이다.

구청에서 청소차를 동원해 할머니의 집에 켜켜이 쌓였던 그 많은 길거리 수집품을 모두 들어내고 수리기사를 불러 말끔하게 정리까지 마치자 넓디넓은 대궐 같은 공간이 드러났다. 그 날도 구청 여직원은 허전해할지도 모를 마음을 달래주려고 할머니와 같이 잠을 자면서 찌들고 멍들었을 마음을 달래주었다.

"고마워 색시. 내 평생에…. 이제 다 끝났지. 지 년이야 오던 말던 내 알 바 아이다."

할머니는 크게 숨을 한 번 몰아쉬더니 이내 눈물을 쏟아냈다. 쓰레기더미를 비워낸 방은 한없이 넓었다.

《실행론》으로 배우는 마음공부 **21**

심인공부의 뜻 ②

"나我를 버릴 것이다. 나我는 죄의 근본이며 인연의 근본이다. 참된 나 眞我를 찾기 위하여 헛된 나假我를 버려야 한다. 맹장염에 걸려 수술해야 할 때 내 몸의 것을 떼 내고 수술을 해야 건강한 몸이 된다. 헛된 나를 버리는 것은 이 수술과 같다. 참된 나를 찾아야 한다."

《실행론》 2-4-2 (다)

# 22

## 벽오동에서 벽오동 난다

벽오동은 너무나 컸다. 다 자라난 벽오동 꼭대기는 아무리 눈을 치켜뜨더라도 올려다 보이기는커녕 치뜬 눈이 뒤집힐 정도였다. 선 채로 벽오동을 쳐다볼 생각은 아예 하지 말았어야 하는 것이 옳았다. 그 때는 그랬다.

벽오동은 다 자라면 10미터가 훌쩍 넘는 크기를 뽐낸다. 청자빛에 못지않을 에메랄드 같은 푸른빛을 띠는 줄기는 세월이 흐르고 나이가 들어도 변함없이 고고한 자태를 자랑한다. 신비감을 갖게 하는 힘이기도 하다. 다른 나무에서는 절대로 볼 수 없는 자랑거리이자 부러움의 상징이 되는 것은 두 번 말하면 잔소리가 된다. 허리를 굽히지 않고 곧게 자라는 것은 도도해서가 아니라 곧은 정신을 있는 그대로 드러낸 것이다. 쭉쭉 뻗은 줄기 역시 마찬가지다. 파라솔 같이 넓은 잎은 쓰임새 또한 많다. 한여름 강렬한 햇볕 아래서는 서늘한 그늘을 만들어 주고, 비가 내리는 날이면 비를 가려주는 우산이 된다. 벽오동이 베풀 수 있는 최상의 파라다이스를 제공해준다. 자라는 속도가 빠른 것은 그만큼 할 일이 많아서다. 쓰임새가 그만큼 많다는 뜻이다. 옛날 사람들은 봉황새가 찾아들어 둥지를 틀고 청아한 소리를 내면 천하가 태평하리라는 것으로 알고 좋아 했다. 그 나무가 벽오동이다. 그만큼 희망을 가져다주는 의미도 있다는 말이다. 진이가 벽오동을 좋아했던 이유 중의 일부다.

옆집에 살았던 희선이 이사를 간지 3년이 지났다. 그새 초등학생이 된 진이는 아침부터 벽오동 아래서 서성거렸다. 토요일이었다. 비가 올 듯 말 듯 찡그린 하늘이 진이의 마음을 아는 듯했다. 커다란 벽오동 옆에는 이사 가기 전에 희선과 같이 심었던 어린 벽오동이 자라고 있었다.


"나 이사 가는 것은 괜찮은데 벽오동이 보고 싶을 것 같아."
"그럼 열매를 줄께. 가져가서 심어놓고 봐."
"열매하고 벽오동하고 같아? 그리고 언제 키워서 봐?"
"벽오동 열매니까 어미 벽오동하고 같겠지…. 그리고 금방 자라나. 그건 걱정 안 해도 돼…."


그 때 진이 아버지가 마침 들일을 마치고 집으로 들어섰다.

"아빠, 아빠, 벽오동 열매를 심으면 벽오동이 나오겠지…."

진이는 자신 없어 하면서 말끝을 흐렸다.

"그럼, 벽오동 열매 속에는 벽오동을 닮은, 음, 그래 씨라고 하자, 씨가 있어요. 그래서 벽오동 열매가 땅이나 흙 속에서 싹을 틔우고 어린 나무로 자라게 되면 어미 벽오동과 닮아 가면서 벽오동이 되는 거지. 더 커서 어미 벽오동과 같을 정도로 자라면 다를 게 없지, 똑 같아지겠지."

진이 아버지는 그 때 벽오동에 대한 많은 이야기를 들려주었다. 다 자라게 되면 얼마만큼 크며, 줄기 색이 왜 푸른빛인지, 넓은 잎이 가져다주는 고마움과 봉황이 날아와서 둥지를 틀고, 그렇게 되면 어찌어찌 된다는 이야기를 진이와 희선에게 재미있게 들려주었던 것이다.

진이 아버지의 말을 듣자마자 어미 벽오동을 닮은 어린 벽오동을 생각하며 벽오동 열매를 심기로 했던 그 날도 하늘은 잔뜩 찌푸려 있었다. 헤어질 날을 며칠 앞두지 않은 희선이를 달래주기 위한 생각이었다. 진이가 아침도 그르고 벽오동 아래서 서성거릴 때 희선이 슬며시 다가왔다. 진이 곁으로 다가온 희선은 말없이 손을 내밀었다. 벽오동 열매 두 개가 진이 손에 쥐어져 있었다. 진이로부터 벽오동 열매 두 개를 받아든 희선은 하나를 주머니 속에 넣어두고, 다른 하나는 진이가 미리 파놓은 땅에 살포시 내려놓고 흙을 덮어 토닥토닥한 뒤에 물까지 뿌려주었다.

벽오동 열매를 심자고 한 것은 누가 먼저라 할 것이 없었다. 벽오동 아래서 같이 놀던 때를 생각하면서 진이는 집 뜰에서 자라날 어린 벽오동을 보고, 희선은 화분에서 자랄 벽오동을 보며 서로를 잊지 말자는 마음이 서로 통했기 때문이었다. 어린 벽오동으로 자라날 열매 속에 어미 벽오동을 닮은 것이 있다고 했듯이, 진이와 희선의 생각도 닮아 있었다. 열매가 싹을 틔워 땅을 뚫고 나와서 어미 벽오동만큼 자랐을 즈음에 만날 수도 있지 않을까 하는 막연한 생각도 서로가 했을 것이다. 물을 잘 주고 잘 키우자는 다짐도 마찬가지였을 것이다. 진이와 희선은 아무 말 없이 한참을 마주보다가 손가락을 걸었다. 진이와 희선은 물기만 남아 있는, 벽오동 열매가 묻혀 있는 땅을 물끄러미 쳐다보다가 몇 걸음 뒤로 물러서서 잔디 위에 나란히 누웠다. 그때서야 보였다. 진이의 눈에 도무지 보일 것 같지 않던 벽오동 꼭대기가 한눈에 들어왔다. 흐린 하늘 아래 높다랗게 서있는 벽오동은 거인처럼 하늘에 닿을 듯했다.

희선과 같이 벽오동 열매를 땅에 묻은 날부터 진이는 집을 드나들 때마다 그곳에서 눈을 뗄 수가 없었다. 보고 또 보다가 발길을 돌리려 하다가는 눈이 떨어지지 않아 되돌아보는 일이 버릇처럼 됐다.

진이는 이 날도 거리낌 없이 잔디 위에 드러누워 어미 벽오동을 올려다보았다. 어미 벽오동과 달리 어린 벽오동은 차라리 옆으로 돌아누워야 쳐다볼 수 있을 정도로 작았다. 언제 어미 벽오동만큼 커서 희선이를 만나지, 하는 생각을 하다가 살포시 눈을 감았다. 그때 날듯이 집안으로 들어선 희선이 어린 벽오동 옆에서 활짝 웃었다. 진이는 놀란 토끼눈으로 희선의 행동을 가만히 지켜보았다. 이내 어미 벽오동과 어린 벽오동 사이를 왔다 갔다 하던 희선이 어미 벽오동 위로 날아오르려 하자 진이는 몸을 뒤챘다. 희선이를 잡아야 한다는 생각으로 희선이에게 다가가려고 몸을 일으키려 했으나 몸이 말을 듣지 않았다. 아무리 발버둥을 쳐도 몸을 일으킬 수가 없었다. 손을 내밀며 잡고서 일으켜 달라고 애원을 해도 희선은 아랑곳없이 웃으면서 어미 벽오동 위로 날아오르고 있었다. 진이는 실망을 하며 발버둥을 치다가 눈을 떴다.

몸을 일으킨 진이는 어미 벽오동을 오래도록 쳐다봤다. 옆에서 자라고 있는 어린 벽오동도 언젠가는 어미 벽오동을 닮아 저렇게 늠름하고 자랑스럽게 우뚝 서 있을 것이라는 기대를 하면서 자리를 털고 떠났다.

《실행론》으로 배우는 마음공부 ㉒

일체중생은 본유살타

"일체중생이 본유살타本有薩陀이므로 누구나 부처가 될 수 있다. 일체
중생의 근본성품은 만인공도萬人共道의 불성이므로 누구나 성불할 수
있다. 불법은 이법理法이므로 누구나 실천하면 자기발전과 이익이 따른
다. 아무리 좋은 법이라도 자성을 깨치지 못하고 실천하지 않으면 법은
법대로 있을 뿐 심성개발과 자기발전에는 도움이 없다. 생각이 온전하
면 지혜가 일어나고 생각이 흐트러지면 지혜를 잃는다."

《실행론》 2-4-3

# 23
## 콩 심은데 콩 나고

굽은 나무가 산소를 지킨다고 했다. 반듯하게 자라지 못해 목재로 쓰일 수가 없어 붙박이처럼 자리를 지킨다는 의미에서 비롯된 말일 것이다. 길도 그렇다. 굽이굽이 휘어진 길이라 변함없이 호젓한 분위기를 간직할 수 있게 됐을 것이다. 잘 닦여진 신작로는 포장이 되어 쌩쌩 달리는 차들로 만신창이가 된지 오래다. 둘레 길은 다르다. 기어가는 뱀처럼 휘고 굽은 길이라 더 넓혀지지도 않았다. 움푹움푹 파인 곳이 많아 울퉁불퉁한 것도 예사롭지 않다. 추억을 더듬어 건빵을 즐기고, 어려웠던 시절을 회상한다면서 꽁보리밥을 파는 집이 대박을 터트리기도 하는 세상이다 보니 하찮은 첩첩산골 시골길이 둘레 길이라는 이름으로 거듭난 것이다. 기껏해야 농로 정도로나 이용됐던 길이 등산화를 신고 등산

복을 차려 입은 도시 사람들을 불러들였다.

둘레 길을 걷기 시작한지 두 시간이나 지났다. 넘어진 김에 쉬어 간다고, 목이 타고 등산화 끈도 풀린 듯해 상훈은 앞에 보이는 원두막 모퉁이에서 쉬어갈 생각을 했다. 새로 산 등산화라 끈을 꽉 조이지 않았던 게 실수였던 탓이다.

원두막은 높지 않게 지어져 있어 평상처럼 걸터앉기에 안성맞춤이었다. 상훈은 등에 짊어지고 있던 배낭을 풀어서 내려놓고 원두막에 걸터앉았다. 등산화 끈마저 풀어헤치고서는 엉덩이를 뒤로 물려 아예 드러누웠다. 그때 발쪽에서부터 시원한 기운을 느낄 수 있었다. 등산화에 파묻혀 있던 발이 해방되면서 느껴지는 것만은 아니었다. 건들마였다.

건들마에 취해 스르르 든 잠에서 깨어난 상훈은 한참을 뒹굴뒹굴하다가 일어나 앉았다. 건들마가 불어온 곳을 향해 돌아앉자 콩밭이 눈에 들어왔다. 건들마를 불러일으킨 콩잎이 어울려 새파란 둘레 길을 장식하고 있었다. 눈이 즐거웠다. 상훈은 이내 몸을 일으켜 콩밭으로 걸음을 옮겼다. 아직은 어린 콩이 대롱대롱 매달려 있었다.

"콩 심은데 콩이 나고 팥 심은데 팥이 난다."

같은 마을에 살았던, 두어 살은 많은 용호가 늘 입에 달고 다닌 말이었다. 중학교에 다닐 때 3년 내내 들었던 말이다. 그가 두어 살은 많았지만 중학교 입학이 늦어 같이 다녔던 것이다. 용호의 나잇값은 학교에서도 인정됐다. 인사를 잘하는 것은 기본이고, 눈에 잘 보이지 않는 구석구석을 찾아 매일 청소를 하는 모범생으로 정평이 났다. 월요일이면 늘 있었던 아침 전체 조례시간마다 교장의 한 말씀 단골메뉴가 용호를 닮으라는 것이었을 정도로 그의 행동은 학생들의 생활규범으로 자리하기까지 했다.

교장이 됐건, 어느 선생이 됐건 쏟아지는 칭찬에 아랑곳없이 용호는 누구보다도 먼저 등교해 휴지를 줍거나 청소를 하면서 콩 심은데 콩이 나고 팥 심은데 팥이 난다는 말을 주문처럼 쏟아냈다. 그의 행동이 기이하기까지 했지만 누구도 감히 따라할 수 없는 일이었다. 그렇게 해서 콩 심은데 콩이 나고 팥 심은데 팥이 난다는 말은 그의 전용 구호가 됐다.

상훈은 콩밭 가장자리에 앉아 용호를 떠올리며 당시의 일들을 생각하던 중 자신도 모르는 새 미소를 머금었다. 콩밭은 용호의 존재를 자연스럽게 떠오르게 하는 마중물에 다름 아니었다.

용호가 콩 심은데 콩이 나고 팥 심은데 팥이 난다라고 한 말이 그의 겉모습을 읽을 수 있는 말이라면, 콩이 싹을 틔우는가? 땅이 싹을 틔우는가? 하는 문제는 용호의 마음속을 들여다볼 수 있게 한 화두였다.

상훈이나 용호가 3학년 때였다. 좀체 결론이 나지 않을 것 같은 지루한 말싸움은 교장과 선생들 사이에서 일어났다. 용호의 행동을 관심 있게 지켜보던 교장이 오랜 시간 궁리한 끝에 논쟁의 불씨를 당긴 것이었다. 초반에 선생들은 한패였다. 당연히 콩이 싹을 틔운다는 쪽이 우세했다. 콩이 싹을 틔운다는 상식 선상에서 두말 할 것 없이 당연하다는 견해가 지배적이었다. 이와 견해를 달리하는 다른 쪽, 곧 열세들의 주장은 한참 뒤에 나왔다. 땅이 없으면 콩이 어떻게 싹을 틔울 수 있겠는가 하는, 논리도 정연하고 타당한 주장을 내놓은 것이었다. 이 때부터 판단은 유보된 채 끝없이 이어질 논쟁이 시작된 것이다. 교직원회의 끝 무렵이나 삼삼오오 모이는 곳에서는 언제나 이 논쟁이 가장 뜨거운 이야기 거리였다. 어느 한 쪽도 다른 쪽의 생각을 쉬 이해하거나 인정하려 들지 않았다. 당연히 판단은 내려질 수 없었거니와 결론을 단정 지어 말할 수가 없었다. 팽팽한 신경전이 나날이 계속됐다.

교장은 교사들 간의 치열한 논쟁을 은근히 즐기는 눈치였다. 교장은 3학년 학생들이 수업을 마치고 귀가할 때가 되면 어김없이 교장실에서 용호를 만났다. 서무과 직원이 용호를 부르러 다닌 것은 단 한 번뿐이었다. 그 다음부터 용호는 스스럼없이 교장실을 드나들었다. 교장의 특별배려에 용호가 말려들었는지, 용호가 스스로 교장 만나는 일을 즐겼는지는 알 수 없었지만 두 사람의 밀담은 비교적 오랜 동안 이어졌다. 용호가 교장실에 들어갔다 하면 금세 나오는 법도 없었다. 한 번 만나는 시간도 오래 걸렸다. 짧게 끝나는 날이 없었다. 교장과 용호가 이상한 사이라느니, 부적절한 관계라는 소문이 나돌 때까지 두 사람의 밀회는 지속

됐다. 교장실에 무지갯빛이 드리워지고 있다고 본 것은 학생들만
이 아니었다. 교사들의 열띤 논쟁 끝에 새로운 화젯거리로 교장
과 용호 사이의 관계가 등장한 것이다. 그러나 누구도 감히 입 밖
으로 내뱉지 못하고 있을 때 화장실에서 낙서 하나가 발견되면서
심각성이 드러났다. 그날 이후로 교장은 더 이상 용호를 부르지
않았고, 용호도 교장과 만나는 것을 꺼렸다.

　바닥에 떨어진 럭비공이 어디로 튈지 종잡을 수 없는 것처럼
논쟁의 결과와 종착점이 안개 속에 파묻혀 있을 때 매듭을 지은
것은 교장이었다. 더 이상 사태를 지속시켜서 좋을 것이 없겠다
고 판단한 듯 교장은 아침 조례시간에 말을 꺼냈다. 교사들은 물
론 전체 학생들이 모인 자리에서 사건을 종결짓고 싶었던 모양이
었다.


　"두 쪽 다 틀렸습니다. 이 논쟁의 승자는 용호군입니다. 본인
　과 용호군은 여러 날, 많은 시간을 두고 아름다운 토론을 했
　습니다. 정답은 용호군이 밝힐 것입니다. 용호군 앞으로 나
　오세요."
　"콩 심은데 콩이 나고 팥 심은데 팥이 납니다. 콩이나 팥이나
　심지 않고서는 싹이 날 수 없습니다. 정답은 심는데 있습니
　다. 무엇보다도 먼저 심어야 싹을 틔울 수 있는 것입니다."


　용호가 단상으로 올라서기까지 여기저기서 들렸던 소란스러

움은 이내 잠잠해졌다. 용호나 교장은 결과만 이야기하고 싶었던 것이 아니라 씨 뿌리며 노력하는 과정을 강조하고 싶었던 것이다.

《실행론》으로 배우는 마음공부 ㉓

심인과 육행 ①

"만약 심인이 없다면 죄를 지어도 안 받을 수가 있으니 믿고 복을 지을 수가 없다. 그러나 변함이 없는 심인이 있으므로 죄를 지어도 빠짐 없이 받게 되고 복을 지어도 어긋남이 없이 지은 대로 받으므로 꼭 믿고 복을 지을 수가 있다. 사람에게 하심下心은 만복의 근본이 되고 귀신과 모든 마장들을 용맹으로 이기면 행복이 된다."

《실행론》2-4-4 (가)

# 24
## 접목 효과

　늙은 감나무에 대롱대롱 매달려 있던 홍시 하나가 시골집 안
마당으로 떨어졌다. 고공낙하를 하듯이 땅바닥으로 내리꽂힌 홍
시는 철퍼덕 하는 소리까지 토하며 납작하게 널브러졌다. 낙하의
위력을 실감케 했다. 까치밥으로 남겨두었던 홍시가 겨우내 꽁꽁
언 채로 버티기를 하다가 봄 마중하는 주인을 만난 반가움에 때
맞춰 지상으로 뛰어 내린 듯싶기도 했다. 형주는 형체도 알아볼
수 없을 정도로 짓이겨진 홍시를 두 손으로 쓸어 담듯이 집어 들
려 했다. 허사였다. 집을 오래 비운 주인을 대신해 감나무 꼭대기
에 매달려 이제나저제나 주인이 돌아올 날만 손꼽아 기다리다가
타 들어간 듯 속이 붉다 못해 핏빛으로 채워진 홍시는 마당을 새
빨갛게 물들였다. 형주는 손바닥에 묻은 핏빛 선명한 홍시를 손

가락으로 찍어 입으로 가져가려다가 그만두었다. 그럴 수가 없었
다.

50년도 더된 늙은 감나무는 어릴 때 아버지와 같이 고욤나
무를 대목으로 삼아 접목한 것이었다. 감나무보다 웃자라고 추위
에 강할 뿐더러 병충해 피해를 적게 입는다며 좋은 감을 얻기 위
해서는 고욤나무를 대목으로 접목해야 한다고 했던 아버지의 말
이 새록새록 기억주머니를 빠져나와 되살아났다. 접목하기 위해
서는 잘 자란 대목을 선정하는 것이 첫 번째 일이다. 감나무를 접
목할 대목으로는 고욤나무가 최고라고 했던 아버지는 감나무가
있을 자리에 고욤나무를 먼저 심어 두었다. 1년 정도 자란 고욤나
무에 감나무 가지를 접목하는 날은 어떤 경사라도 치르는 날처럼
설    다. 추운 날도 피하고 너무 더운 날도 가려서 접목을 할 감나
무 가지까지 준비되면 거사가 시작된다.

대목으로 지정된 고욤나무를 지상 10센티미터 정도 남겨 놓
고 자른 다음 3센티미터 정도 내려 자르기를 한다. 근두접을 하려
는 것이다. 준비해두었던 접목할 감나무 가지를 비켜 자르는 일
은 그 다음 차례다. 내리 자른 고욤나무의 가장자리 형성층을 찾
아 비켜 자른 감나무 가지를 잘 맞춰 끼운다. 이 작업이 가장 중
요한 일이라고 아버지는 강조하고 또 강조했다. 그 이후에는 접
목부분이 벌어지거나 느슨하지 않도록 단단히 묶어 주기를 한다.
접목한 나무가 살아남기를 바라는 마음이야 두 말 하면 잔소리겠
지만 요행보다는 자연의 섭리에 맡겨둘 수밖에 없는 것이 사람의

일이라는 것도 그 때 배웠다.

　나중에야 알아차린 사실이지만 자연의 섭리에 맡겨두기 전에 형성층을 찾아 접목부분을 잘 맞춰서 꽁꽁 동여매는 작업은 전문가적인 예리함을 요구했다. 세월이 흐르고 아버지도 세상을 떠났다. 형주가 시골집 주인이 되어 주말농장처럼 들락거리면서 그러한 사실을 알게 되기까지는 수차례의 실패 경험을 겪고 나서였다. 접목해 놓은 가지가 자라지 못하고 말라죽는 것을 수도 없이 지켜보면서 아버지의 뛰어났던 접목실력이 새삼 일깨워졌던 것이다. 형성층을 찾아 맞추는 작업은 물길을 열어주는 것에 다름 아니라는 원리를 터득한 다음부터 실패는 적었다. 받아들임의 순리를 깨닫고 나서였다.

　주말을 맞아 모처럼 찾아든 시골집 감나무 아래서 누리는 호사는 짭짤했다. 늙은 감나무는 너른 바닥을 내어 주고 햇살을 가려 시원한 그늘을 만들어 주는 것은 기본이었다. 감이며 홍시에 곶감까지 맛보게 해주었다. 덤으로 얻는 수확도 많았다. 형주는 생각이 거기까지 미칠 때쯤 지난 가을에 딴 감을 깎아서 사랑채에 매달아 두었던 일을 떠올렸다. 더 이상 별다른 손질 한번 하지 않았음에도 곶감은 먹음직스러워 보였다. 감나무 아래 있는 사랑채에서 곶감을 꺼내 가족들과 나누어 먹는 기분은 이루 말로 다 표현할 수 없을 정도의 포만감을 안겨주었다.

　사랑채 툇마루에 걸터앉아 달콤한 곶감을 맛보면서 아버지를 그리워 하다가 형주는 물길이 중요하다는 점을 다시 떠올렸다.

사람이나 동식물이 생명을 연장하면서 살아감에 있어서도 물은 대단히 중요하다. 물은 관계를 형성하는데 있어서도 절대적인 매개체가 된다. 하늘길이 없을 때는 물길을 통해 국가나 사람간의 교류가 시작된 것만 봐서도 분명한 사실로 받아들여졌다. 고욤나무 뿌리를 통해 잣아 올린 물길이 감나무 줄기를 통해 이어지면서 생장시키고 감을 매다는 생명의 조화를 생각하다가 형주는 새로운 생각을 하게 됐다. 생장을 위한 감나무 줄기의 몸부림도 물론 있었겠지만, 대목인 고욤나무에 물길을 열어주고 또 받아들이는 감나무 가지의 생존본능으로부터 베풀고 나누는 것과 마음을 열고 받아들이는 것, 바로 그 점을 알아차린 것이다.

형주는 접목을 통해 사람이 배울 지혜가 그것이라는 사실을 찾아낸 발견자처럼 속으로 유레카! 하고 외쳤다. 이내 불끈 주먹을 쥐고는 얼굴 앞까지 끌어올리며 탄성을 내지를 뻔했다. 감나무 가지가 물관을 열어 대목인 고욤나무로부터 생장에 필요한 물을 받아들이는 작용은 생각의 전환에 다름 아니라는 사실을 알아챈 것이다. 형주는 끓어오르는 희열을 만끽했다. 시골집을 찾을 때마다 무엇이든지 한 가지를 깨닫거나 얻는 것이 있다고까지 여겨지면서 역시나 이번에도 망설임 끝에 발걸음하기를 잘했다고 자신을 치켜세웠다. 앞으로는 앞뒤 잴 것 없이, 시간이 되면 두 번 다시 생각할 것 없이 무조건 달려오리라는 다짐도 했다. 선물이란 자기 자신의 일부를 내어주는 것이라고 한 미국의 시인이자 사상가인 랄프 왈도 에머슨의 말을 되뇌며 형주는 또 하나의 선물을 얻은 기분에 들떠 마당으로 내려섰다.

"자기 성품을 깨달아 고치면 팔자도 좋게 고쳐진다."

진각성존 회당 대종사의 법어가 더욱 또렷하게 이해되면서 논리적인 해석까지 할 수 있게 됐다. 창조적인 에너지는 내적 분열에서 나온다고 한 박범신 소설가의 말도 떠올랐다. 세상살이가 그렇고, 모든 일도 마찬가지겠지만 역사가 이루어지고 무엇 하나가 재탄생되거나 창출되기 위해서는 살붙이 대목인 고욤나무에 물길을 내어 주는 감나무 가지처럼 과감하게 고쳐지고 변하고자 하는 자기변혁의 열정이 필요하지 않을까 하는 생각을 갖기에 이르렀다. 환경적인 것은 그렇다 치더라도 내적 변화를 만들어내기 위해서는 뼈가 저밀 정도로 아픈 성숙의 과정을 거쳐야 한다는 것은 만고불변의 진리 아니었던가. 습관이 깊숙이 몸 속 구석구석에, 생각 사이사이에, 의식 여기저기에 배여 있기 때문에 좀체 바꿀 수 없다고 내버려두는 것은 고질을 초래할 뿐이다. 제 버릇 개 줄까라고 하거나 세 살 버릇이 여든까지 간다는 말이 결코 허튼 소리가 아닌 엄연한 진리인 것을 실감했다.

고치면 바뀌고 바뀌면 변하게 마련이다. 미련이 남아서, 힘이 들어서, 마음이 아파서 고치지 못한다면 변할 것이 없다. 성품을 깨닫고 고칠 것을 찾아서 고치면 팔자도 좋게 고쳐진다는 확신을 하게 됐다.

심인과 육행 ②

"심인은 육바라밀을 하나로 잡은 것이다. 깨치지 못하는 성품을 고치는 약이 없다 하고 팔자는 독 안에 들어가도 피할 수 없다 하지만, 이것은 과거 봉건시대에 범절을 숭상하던 때의 예법禮法이다. 하지만 지금은 무엇이든지 고쳐서 살 수 있는 시대이므로 팔자도 능히 좋게 고칠수가 있다. 팔자 고치는 약은 본심진언이다. 자기 성품을 깨달아 고치면 팔자도 좋게 고쳐진다. 성품의 그림자인 팔자는 바로 육자진언과 육행으로 고칠 수 있다. 육자진언 염송하면 무형중생 제도되고 육행 실천하면 유형중생 제도된다."

《실행론》2-4-4 (나)

# 25
## 마음의 눈을 얻다

숱한 방황이 이어졌다. 한치 앞도 내다볼 수 없을 만큼 막막했다. 끝이 어디쯤인지, 언제일지는 짐작할 수조차 없었다. 터널 정도가 아니라 아예 무너져 내린 지하 깊숙한 갱도에 갇힌 것에 다름 아니었다. 마음으로 느끼는 답답함도 숨 막힐 지경이었지만 짐짓 몸을 짓눌러오는 주변 분위기가 힘들었다. 소리 없이 가하는 중압감은 해머로 짓찧은 나무줄기처럼 터지고 찢기어 너덜너덜해질 지경이었다. 잘 찧은 초피나무 뿌리는 종종 얕은 웅덩이나 개울가에 풀어놓아 물고기를 기절시켜서 잡는데 쓰이기도 했지만, 만신창이가 된 맨몸뚱이는 아무짝에도 쓸데가 없을 듯했다. 하다못해 쓰레기보다 한참은 못하다고 생각됐던 적도 한두 번이 아니었다. 무용지물이라는 말에 딱 들어맞는 그러한 인물로 자학

하고 치부하던 나날이 무시로 이어졌다.

산 입에 거미줄 치지 않고 숨 쉬는 송장 없다고 했다. 나락으로 떨어진 볼품없고 형편없는 위인으로 밥만 축내며 연명하고 있을 때였다. 한 시각이 길고 하루가 멀던 시절이었다. 그때 순간적으로나마 한줄기 빛을 보았다. 그 순간만큼은 반드시 되돌리고 싶은 찰나였다. 꿈을 꾼 것도 아니었는데 한 순간 눈앞에 나타났다 사라진 이가 있었다. 그를 좇아 맨발로 뛰쳐나가도 도무지 따라잡을 수가 없었다. 순간 이동을 한 것처럼 순식간에 자취를 감춰버린 것이었다. 순간에 맞닥뜨리고 순간에 멀어지고…. 그야말로 모든 것이 순식간에 벌어지고 마무리됐다. 죽은 이처럼 맥을 놓고 있다가 한달음에 용수철처럼 몸을 퉁겨 바깥으로 내달렸던 힘이 어디서 솟아났는지도 알 수 없었다.

"왜 이렇게 있느냐. 떠나라. 네 길을 찾아서 떠나거라."

어디를, 어떻게…. 길을 가르쳐 주려면 제대로 일러주던지…. 말 같지 않은 말을 불쑥 뱉어놓고 그림자처럼 사라진 이의 뒤통수를 향해 푸념을 늘어놓았다. 연결되지 않는 낱말을 맞추듯이 낮도깨비처럼 마주쳤던 위인이 흘려놓은 몇 마디의 말을 주워 담아 꿰어보려고 갖은 노력을 해봤지만 이해는커녕 점점 의문만 쌓여갔다. 헛소리리라고, 환영을 본 것이리라고 단정하며 벽을 타고 미끄러져 내리듯이 방바닥에 널브러졌다.

무량이 출가의 길을 나선 것은 그로부터 한 달여 뒤의 일이었다. 어디에 뭐가 있는지도 모른 채 무작정 길을 나서서는 무거운 발길이 머무는 곳, 그곳이 길의 끝이려니 작정하고 터벅터벅 걸음을 옮겼다. 그렇게 해서 찾아간 사찰에서 시작한 생활 역시 갈팡질팡했다. 속가에서의 삶이 고단했던 만큼 사찰에서의 생활도 만만찮았다. 처음에는 내딛는 발걸음마다 진흙탕이기 일쑤다 보니 어디에 발을 내려 놓아야할지조차 모를 정도로 암흑천지를 헤매고 있는 기분이었다. 블랙홀처럼 빨려 들어간 곳에서 간신히 몸을 빼내 평탄한 길인가 싶었을 때엔 산꼭대기로 기어오르는 중이었다. 숨이 차고 가슴이 아려 더 이상은 한 걸음도 옮길 수 없을 정도로 만신창이가 됐다. 몸이 먼저 무너져 내렸다. 마음 또한 천근만근 짓눌려오는 처참함의 무게를 견디지 못해 허물어졌다. 바람 앞의 모래언덕이 순식간에 형체를 알아볼 수 없을 정도로 모양을 바꾸듯이 몸과 마음 가릴 것 없이 산산이 흩어져 버리는 듯했다. 산화, 바로 그 지경이었다.

*

수행공부를 내팽개치고 산으로 올라간 은사스님은 힘에 부칠 정도로 나무를 한 짐 해서는 터덜터덜 가파른 산길을 내려오다가 넘어지는 사고를 당했다. 그 순간 나뭇가지에 눈자위가 찔린 것이다. 아프기도 했지만 눈을 뜰 수조차 없어 몸을 추스르기가 쉽지 않았다. 더 이상 세상을 볼 수가 없었다. 모든 것이 끝장났다는 생각이 들었다. 수행공부에 차도가 없는 점을 생각하며 차라리 잘됐다 싶은 마음이 들기도 했다. 몸도 지치고 마음도 괴롭던 차라 모든 것을 단념하고 싶었던 바도 있었다. 눈으로 본 것이 아니라 마음으로 새 빛을 찾아낸 것은 그 때였다. 어두컴컴한 실내로 얼비친 햇살이 안팎을 분간해 주듯이 경계 밖의 다른 세상이 있음에 눈떴다. 그때 본 것은 마음 밖의 다른 곳이었다. 무릉도원도 아니고 이상향도 아니며 샹그릴라는 더더욱 아닐 뿐더러 유토피아도 아니었다. 마음의 경계를 넘어선 곳, 집착을 놓아버린 자리였다.

은사스님은 그렇게 당한 사고를 딛고 몸을 추스른 뒤 마을로 내려갔다. 사하촌에서는 농사철마다 일손이 부족해 난리들이었다. 스님은 어느 집, 어떤 일 가릴 것 없이 닥치는 대로 일을 했다. 스님이, 그것도 앞을 보지 못하면서 어떻게 일을 하겠느냐고 핀잔을 놓던 이들도 나중에는 스님을 서로 모시려고 난리들이었다. 그렇게 일을 하고 사찰로 돌아온 날은 수행공부에도 진척이 있었다. 조사스님들이 했다던 주경야선의 경지를 넘나들면서 즐기기까지 한 것이다. 농사철이 끝나거나 일이 없을 때는 아이들이 있는 집을 찾아가 동무가 되어 나뒹굴고 놀면서 숙제하는 것을 도와주고 글을 가르치기도 했다.

*

무량은 은사스님을 생각하며 공부가 되지 않는다고 자책하고 있는 스스로를 부끄럽게 생각했다. 다 버리고 살아간다고 말은 하면서도 여태 버리지 못한 채 붙들고 있는 욕심 덩어리가 원망스럽기도 마찬가지였다. 껍데기에 집착해온 삶이 후회되는 것은 두말할 나위가 없었다. 은사스님이 사무치게 그립다는 것은, 공부가 무르익지 않아 은사스님을 닮고 싶은 열망이 그만큼 컸기 때문인 듯싶었다.

무량은 은사스님을 그리워하며 툇마루에 앉아 봄 햇살을 즐겼다. 때마침 아른거리는 것이 있었다. 참으로 오랜만의 느낌이었다. 일상에 지치고 상념에 젖어 하늘 한번 제대로 올려다본 적이 언제였던가 싶은 생각도 들었다. 아지랑이가 눈앞에서 피어오르고 있었던 것이다. 아지랑이를 좇아 천지를 구분하지 못하고 산과 들판을 이리저리 뛰어다녔던 어릴 적 추억도 몽글몽글 떠올랐다. 아지랑이에 정신이 빼앗겨 시간 가는 줄 모르고 툇마루에 앉아 있던 무량은 추억 속에서 빠져나와 먼 산을 바라보았다. 산색이 바뀌고 있었다. 갖가지 봄꽃이 제 스스로의 기품을 자랑할 채비를 서두르고 있구나 하는 마음이 들었다. 은사스님이 선방을 박차고 나가 사하촌에서 일상의 생활을 즐기면서 오히려 수행의 고삐를 다잡을 수 있었던 것도 굳이 경계를 구분 짓지 않고 자유자재로 넘나들며 가림 없이 대했던데 근원이 닿아 있었다는 것을 알아차렸다. 현실을 벗어난 깨달음이 무슨 의미가 있을까? 스스로를 잘 관찰하고 다스리는 것이 마음공부의 시작이고 완성이리

라. 봄 햇살 속에서 가득 피어오른 아지랑이가 가져다준 깨달음이었다.

《실행론》으로 배우는 마음공부 **25**

불법은 심인법

"불법佛法이 다른 곳에 있는 것이 아니다. 마음 가운데 선량한 마음이 일어나는 것이 곧 불법이다. 항상 자성을 닦으며 밖에 있는 것에 집착하지 말고 모든 것은 안에 있으니 밖에서 구하지 말아야 한다. 불교는 빌고 예배하는 것이 아니라 깨닫는 것이다."

《실행론》 2-4-5 (가)

# 26

## 연등… 연등… 연등

심인당은 오월의 색으로 치장을 하고 있었다. 맑디맑은 하늘을 이고 다소곳이 자태를 드러낸 심인당은 말 그대로 비로자나 금강법계 궁전이었다. 먼발치에서 바라다본 심인당은 수미산 같은 위엄이 어려 있고, 하늘 아래 최고의 궁전처럼 기품이 서려 있었다. 빛이 났다. 한낮의 햇빛을 받아 반사경처럼 내뿜는 반짝거림은 여의주에서 뿜어져 나오는 신비로움 자체였다.

진찬이가 발걸음을 재촉해 심인당 앞마당으로 들어서자 멀찌감치 서서는 보이지 않았던 연등이 새로운 볼거리를 제공하며 장관을 연출하고 있었다. 연등 물결을 이루고 있었던 것이다. 형형색색의 연등이 뒤덮고 있어 심인당 앞마당 전체에 널따란 그늘까지 드리워져 포근한 기운마저 들었다.

부처님오신날이 다가오고 있었다. 진찬이도 신청서를 작성하고 연등 값으로 미리 준비해온, 돈이 든 봉투를 통째로 신청함에 넣었다. 신청서에는 물론 봉투에도 이름은커녕 몇 개의 등을 신청하는지조차 쓰지 않았다. 그저 심인당에서 알아서 하면 된다는 뜻이었다. 한 등이 됐건, 두 등이 됐건 상관할 바가 아니라는 생각에서 그랬다.

연등의 크기도 그렇고, 종류도 마찬가지였다. 부처님오신날을 찬탄하는 생각 하나로 마음을 밝히고 세상을 밝게 비출 연등이면 만족할 일이라고 생각한 때문이다. 비록 적은 값으로, 작은 마음으로 밝히는 연등 하나가 행여 어느 누구에게라도 미세한 영향을 미쳐 그가 잃었던 용기를 다시 찾고, 내려놓았던 희망의 끈을 붙잡아 살아갈 수만 있다면 더 이상 바랄 것이 없지 않겠는가 하는 생각을 했던 것이다.

진찬이는 온갖 염원과 서원을 담아 심인당 앞마당에 내건 연등을 이리저리 살피며 바라보다가 생각하고 있던 염송을 시작했다. 염송을 하는 동안 시간이 어떻게 흘렀는지 순식간에 세 시간이 훌쩍 지나 있었다.

염송을 마치고 다시 심인당 앞마당에 내려서서 연등을 살펴보던 진찬이는 순간 눈을 의심했다. 그동안 매달아놓았던 연등이 복제라도 됐듯이 앞마당을 빈 틈 없이 채워놓았다. 그것도 세 시간 전보다 더 촘촘히 매달려 있었다. 심인당 양옆과 뒤쪽으로까지 어느 한 곳 빠진 부분 없이 심인당 전체를 연등이 뒤덮고 있었다. 진찬이는 잘못 본 듯해 눈을 비벼보았다. 눈가에 닿는 손의 느낌이 온전하게 전해졌다. 꿈을 꾸는 것 같지는 않았다.

순간 한 사나이가 아지랑이처럼 눈앞에 떠올랐다. 시골출신으로, 어린 생활을 힘들게 보냈던 이다. 어렵사리 기회를 얻어 도시로 나가서는 이것저것 안 해본 것 없이 닥치는 대로 일을 했다. 그래서 악착같이 돈을 모아 자수성가했다. 그런 그가 어느 정도 돈을 모았을 때 가장 먼저 하고 싶어 했던 것은 장학사업 이었다. 자기가 하고 싶었던 공부를 못했던 포원이 졌기 때문이다. 그렇게 마음을 일으킨 그는 뒤돌아볼 것 없이 곧장 장학사업을 시작했다.

첫 해에는 10명, 두 번째 해에는 20명, 세 번째 해에는 40명…. 그가 장학금을 주는 학생 수는 기하급수적으로 늘어났다. 한계가 있을 법한데 그는 결코 숫자를 줄이지 않았다. 장학금을 받을 학생의 숫자를 늘려가면서 시대적 환경과 돈의 가치를 감안해 오히려 장학금 액수도 부풀려 나갔다. 장학금을 제때 마련하지 못해 위태위태하게 사업을 끌어간 적도 없지는 않았지만 옆길 한 번 돌아보지 않고 줄기차게 이어갔다. 그토록 무수히 배출된 얼굴들이 차례로 눈앞에 떠오르면서 그들이 하나씩 나타나 연등한 개씩을 매달고 총총히 사라져 갔다. 순간 진찬이는 볼 살을 꼬집어보았다. 아팠다.

나날이 좋고 좋은 날이라고 했다. 나날이 좋고 좋은 날이라는 말은 좋지 않은 날이 없다는 말이기도 했다. 같은 날이라도 기분 좋은 사람에게는 더없이 좋은 날일 것이요, 마음이 언짢은 이에게는 말할 수 없을 정도로 안타깝거나 지겹기도 하고 고통스러운 날이 될 것이기에 그렇다. 날에 좋고 나쁨이 있을 수야 없다. 날은 같은 날인데, 마음 움직임과 쓰임에 따라 스스로 좋고, 안 좋고를 판가름하며 우기는 것에 다름 아닌 것이다. 이 경우야말로 도깨비노름이다. 어버이 섬기기를 매일 같이 잘하면 매일이 어버이날이요, 부부간에 금슬이 좋다면 매일 부부의 날에 다름 아닐 것이다. 굳이 정한 날을 찾아 1년 365일 잘못한 것을 뉘우치며 한날 한꺼번에 잘하겠다고 벼르는 것처럼 어리석은 일을 없을 것이다.

진찬이는 빈자일등의 이야기를 떠올리며 연등 하나가 수만 개의 연등으로 번식하는 장면을 그려보았다. 영원히 꺼지지 않을, 생명이 있는 것처럼 증식하는 연등은 생각만으로도 가슴 벅찼다. 무한복제가 가능한 사이버 세상에서는 충분히 가능할 것이라는 기대감도 들었다. 시간과 공간의 제한 없이 무한대로 확장되고 유포되는 사이버 세상에서는 조금 전 환영처럼 보았던 것이 실제처럼 가능하겠다는 기대에 들떠 손에 들고 있던 스마트 기기를 켰다. 사이버 심인당을 검색하자 눈에 익숙한 이름도 있고, 그렇지 않은 이름을 가진 수많은 사이버 심인당이 나타났다.

사이버 심인당에도 연등이 내걸렸다. 알록달록한 연등이 천연색의 자태를 자랑했다. 햇볕을 받아 색을 바랠 수도 있고, 자연에 노출돼 고유의 빛을 잃어버릴 수도 있는, 사람 사는 세상에서 볼 수 있는 색깔이 아니었다. 눈이 시리도록 파란색 연등이 있는

가하면, 가슴이 뻥 뚫릴 정도의 빨간색 연등이 있었다. 스무 살 처녀의 수줍음보다도 더한 샛노란 연등도 눈에 띄었다. 티 하나 없을 것 같고 시름 하나 없을 것 같은 사이버 세상의 연등을 바라보고 있는 것 자체만으로도 힐링 되는 기분이었다.

사이버 심인당의 연등 배열방식은 특이했다. 태양처럼 커다란 연등이 중앙부분을 장엄하고 그 주변으로 조금 작은 연등이 원을 그리며 촘촘히 나열돼 있었다. 둥근 원을 이룬 연등 안쪽으로는 좀 더 작은 연등이 배치돼 있어 태양계를 본떠 만든 것처럼 여겨졌다. 역시 그랬다. 마우스 커서를 연등 위에 살짝 올려놓자 설명이 덧붙여져 있었다. 태양과 지구, 달의 관계를 형상화한 것이라는 이야기였다. 법신과 화신, 보신 등 삼신의 세계관을 의미한다는 친절한 내용까지 덧붙어 있었기에 눈으로만 보지 말고 생각을 하면서 마음으로 찬찬히 둘러보라고 권하기까지 했다.

심인당을 나온 진찬이는 심인당으로 갈 때와 마찬가지로 심인당이 잘 바라보이는 먼발치에 서서 뒤돌아섰다. 오색연등이 남실바람에 얹혀 가볍게 흔들리는 것을 볼 수 있었다. 불교 경전을 기록해 바람에 나부끼게 해서 불법이 널리 전파되기를 기원한다는, 룽다라고도 하고 타르초라기도 하는 깃발처럼 생각됐다. 심인당을 가운데 두고 사방팔방 펼쳐진 연등의 장관은 심인당이라는 법신을 중심으로 수많은 화신이 나툰 것처럼 여겨져 더 없는 황홀경을 만들어 보였다.

법보화 삼신

"하늘의 달이 일만 물에 비치니 허공의 달은 법신이요, 물 가운데 비치
는 달은 화신이다. 허공의 달은 천하만국天下萬國을 비추며 일체 물에
비치되 그 달이 하나이듯이 법신의 진신眞身이 천백억 화신으로 나투니
그 화신의 진신은 하나이다. 하나가 무량이 되고 무량이 하나가 되며
이것이 저것 되고 저것이 이것 된다."

《실행론》2-5-3 (나)

# 27

## 중심을 세우다

각서를 썼다.

각서라는 단어 밑으로는 몇 줄에 걸쳐 실천할 조항들을 나열했다. 첫째, 3년 내에 부부 공동명의로 된 45평 이상의 아파트를 마련한다. 둘째, 집안의 각종 경조사에 있어 참석은 하되 일체의 허드렛일은 하지 않는다. 셋째, 시댁 식구들은 부부가 동의하기 전에 어떤 경우라도 집안을 함부로 들락거리지 않는다. 넷째, 기타 각종 현안 문제가 발생할 때는 부부의 절대적인 동의 아래 모든 일을 처리한다.

성철은 아영이 지켜보는 가운데서 장차 장모가 될 아영이 어머니가 부르는 대로 받아쓰기 하듯이 각서를 써 내려갔다. 그리고는 날짜를 적고 김성철이라는 이름을 쓴 뒤 손도장을 찍었다.

"공증을 해놔야 하지 않을까?"

아영이가 옆에서 거들었다.

"공증까지는 할 필요 없어. 김 서방 인품을 믿고 체면을 생각
해서 공증까지는 하지 않아도 되겠지? 그렇지, 김 서방!"
"그럼요. 믿으셔도 됩니다."

성철의 대답은 짧았다. 얼굴을 붉히거나 화를 낼 수도 없는
입장이었던지라 무조건 참아내기로 작정했기 때문이었다.

"그럼 됐네. 나는 가볼 때가 있어 먼저 가네만, 아영이 저녁에
일찍 들여보내게."

성철은 아영이 어머니가 각서를 갖고 자리를 뜨자 고개를 떨
어뜨렸다. 도대체 무슨 짓을 하고 있는지 겁이 났다.

"왜, 당신, 겁나? 싫으면 지금 이래두 그만 두시던가….."

아영이와 장모 될 사람이 이렇게까지 하고 나선 것은 성철이
잘못이 컸다. 무남독녀로 곱게 자라 공주대접을 받던 아영이를
성철이가 꺾어 놓았던 것이다. 도망칠 생각도 없지만, 그렇게 할

수도 없을 정도로 옭아매어진 성철은 그토록 매달렸던 결혼을 할 수 있게 됐다는 사실 하나만 생각하기로 했다. 각서는 각서고 조건은 조건일 뿐이다. 둘이서 오순도순 잘 살면 모든 것은 그만일 것이라고 단정한 것이다. 사랑의 징표라 여기기로 하고 나니 한결 마음도 가벼워졌다.

아영이를 돌려보내고 집에 도착한 성철은 밥도 먹는 둥 마는 둥 숟가락을 놓고 서재에 앉았다. 아영이와 장모 될 사람 앞에서는 내색할 수조차 없었던 설움과 걱정이 한꺼번에 몰려왔다. 설움이야 또 그렇다 치고 그 많은 일들을 어떻게 감당해낼 수 있을지에 대한 두려움이 더 크게 다가왔다. 한 집안의 며느리가 제사 때며 명절에 일을 하지 않겠다는 것이 말이 되는가? 아영이가 무서워지기 시작했다. 좋다고 졸졸 따라 다녔을 때는 그렇게도 상냥하고, 부드럽고, 여리고, 정 많고, 무슨 일이든 겁내지 않았던 아영이가 아니었던가. 사귈 때와 달리 결혼을 앞두고 달라도 너무 달라진 아영이가 이해되지 않았던 것은 순전히 장모될 사람 탓일 거라는 생각을 했다. 아영이가 아니라 장모될 사람이 그렇게 만든 것이 틀림없다고 단언했다. 생각이 거기까지 미치자 오히려 문제는 간단할 것 같았다.

"애, 너, 이게 뭐니?"

복사를 한 각서 한 장을 책상 위에 펼쳐 놓은 채 넋을 잃고 있던 새 방으로 들어온 어머니가 본 것이다.

"뭐, 말도 안 돼. 이 결혼 못한다. 너, 이 결혼하면 평생 후회할
거다. 엄마는 절대로 결혼 반대다. 뭐가 어째~고 어째. 길을
막고 오가는 사람들한테 다 물어봐라. 이게 말이 되느냐고?"

어머니는 잔뜩 화를 내면서 방문을 콱 닫고는 나가버렸다. 성
철은 그 때까지 한마디의 말도 하지 못하고 멍하니 천장만 바라
봤다. 맞다거나 틀렸다거나 딱히 할 말도 없었기에 어머니 표현
마냥 꾸어다 놓은 보릿자루일 수밖에 없었다. 설사 어머니가 머
리채를 잡아 흔들거나 옷을 다 벗겨 밖으로 내쫓으려 했을지라
도 저항은커녕 온 몸을 내맡기고 하는 대로 내버려두었을 것이
다. 결혼뿐만 아니라 그동안 자라면서 뜻을 그르치고 말을 듣지
않았으며 속을 썩였던 벌을 한꺼번에 받는 기분이라 피하고 싶지
도 않았다. 아들을 낳은 뒤 어릴 때는 그렇다 치고 성년이 된 후에
어머니에게 어떻게 하겠다고 각서를 쓰라고 했으면 과연 순순히
썼을까? 성철은 고개를 절레절레 흔들었다. 이 땅에 자식 된 어느
누구라도 하지 않을 일이며 절대 있을 수 없는 일이라는 생각에
서 헛웃음이 나왔다.
　자식은 아직 없지만 자기 몸과 아영이를 사랑하고 아끼는 것
의 반에 반만큼이라도 부모를 알아주고 대했더라면 하는 북받치
는 설움이 가슴 깊은 곳에서 솟구쳐 올랐다. 단단하게 뭉쳐진 가

래 덩어리 같은 것이 목을 타고 올라와 입 속에 고였다. 시큼한 맛이 나는 게 기분을 잡치게 했다. 혀로 이리저리 굴리다가 화장실로 달려가 변기 속에 뱉어 놓고 나니 어머니에 대한 그리움인지, 연민인지 종잡을 수 없는 애틋함이 손에 잡힐 듯이 눈앞에 어른거렸다.

　날이 시퍼런 두 개의 칼날 양단에 서 있는 느낌이었다. 한쪽으로 쏠리는 순간 어느 한 발에서는 피를 볼 수밖에 없는 처지, 성철은 머리통을 감싸 쥐었다. 어느 한쪽으로도 쏠리지 않으면 되리라 하는 생각이 불현듯 들었다. 그것은 어머니의 편을 드는 것도 아니고, 그렇다고 아영이 편만 드는 것도 아닌, 훌륭한 중재자로서의 입장에서 무게중심을 잡고 바른 처신을 하는 길밖에 없다는 소신을 갖게 된 것이다. 생각이 정리되고 마음이 발라지니 더 이상 괴로워만 할 일도 아니라는 생각이 들자 머리가 아프지도 않았다. 석가모니부처님께서 탄생하신 뒤 천상천하유아독존이라고 외치며 선언한 것도 누구나 스스로 중심을 잡고 각자가 주인으로 살라는 의미가 아니었을까? 느닷없이 생각이 거기까지 닿은 것이다. 책상에 머리를 처박은 채 고민하고 번민했던 것이 후회되기까지 했다.

　누구를 탓하고 원망할 일이 아니었다. 성철은 모든 것이 제 잘못인양 참회가 됐다. 어머니를 이해시키지 못했고, 아영이가 가진 생각을 제대로 헤아릴 줄도 몰랐을 뿐만 아니라 그러한 인연을 지어왔기 때문이라는 자책감이 들었다. 그리고 나니 마음 깊은 곳에서 울림처럼 번져나는 참회가 일었다. 삶의 중심은 개인에게 있으니 스스로 단속하면서 바른 생각으로 바른 행동을 하고 바른 길을 간다면 만사는 뜻대로 일어나고 움직이는 것이 진리일지니…. 성철은 자리를 박차고 일어나 두 팔을 쭉 뻗어 기지개를 켰다. 몸이 가벼워지면서 만면에 미소가 번졌다. 무거웠던 머리를 한쪽으로 돌리니 그곳에서는 어머니가 함박웃음을 짓고 서 있었다. 또 다른 쪽으로 머리를 돌리니 아영이가 배시시 눈웃음을 치고 서 있었다. 이 세상 어느 누구보다도 사랑스러운 두 사람이었다.

《실행론》으로 배우는 마음공부 ㉗

---

재가와 출가

"불교는 두 가지 사명이 있다. 출가는 전통을 이어나가는 법이며, 재가는 그 시대중생을 제도하는 법이다. 계승하는 출가법이 없어도 불교역사는 찾아 볼 수 없고, 교화하는 재가법이 없어도 그 시대에 악한 민속을 교화할 수 없다. 종교에서 자성일불공 하는 것은 우리 몸의 정맥靜脈 역할과 같고, 현실에서 엿새 동안 일하는 것은 우리 몸의 동맥動脈 역할과 같다. 출가불교는 먼저 무형중생을 제도하지만 재가불교는 유형중생을 제도함으로써 무형중생은 자연히 제도된다."

《실행론》2-7-5 (가)

# 28
## 함께 사는 길

동네 어귀를 휘감은 개울의 물길을 따라 노랫가락이 느리게 흐른다. 권커니 잣거니 흥에 겨운 어르신들의 흐느적거리는 몸 동작은 마을회관 앞을 지키고 있는 굽은 소나무 마냥 휘어진 채로 얼비친다. 어르신들이 마을회관 안에서 그렇게 흥얼거림을 이어가는 동안 창수 또래의 중늙은이들은 굽은 소나무 아래서 이야기꽃을 피운다. 잔칫날 어른들이 집안에서 떠들썩할 때 아이들은 집 밖에서 구슬치기며 딱지치기를 하듯이 따로 놀았다. 농한기 청산리에서 자주 볼 수 있는 밤 풍경이다.

"원산 아지매 집으로 누가 들어온다는 말이 있더만…."

길만이 걱정스러운 낯빛으로 말 마중을 했다.

"그런 이야기는 있는갑더라만 누군지는 아직 모르고?"

창수가 길만이 말을 받았다. 이제야 다 지난 일이지만 창수가 청산리로 들어와서 살겠다면서 몇날 며칠을 두고 동네를 들락거리자 마을 사람들은 그에게 모든 촉각을 곤두세웠다. 두 사람만 모이면 창수 이야기였다. 죄를 짓고 숨어 들어오는 나쁜 사람은 아닌지, 식솔들은 몇이나 되는지, 무슨 일을 하다가 오는지, 와서는 뭣하면서 살 것인지…. 궁금한 것도 많고 알고 싶은 것도 많았다. 창수 동태를 살피려는 마을 사람들의 수군그림은 청산리를 벗어나 면소재지까지 이어졌다.

"나는 왜 쳐다보는데?"

창수는 그 때를 생각하면서 길만이를 뚫어 져라 쳐다봤다.

"아닐세. 그 때 생각이 나서…."

워낙 조용하던 마을이었다. 그동안 그 어떤 외지인도 들어와서 살아온 적이 없었던 까닭이기도 했다. 살기 좋은 고장이었다. 산천경계 좋고 물 좋으며, 인심 또한 좋다고 자부심이 대단히 높았던 곳이다. 그 아무리 어렵게 살았던 보릿고개 시절에도 굶는 사람이 없었다고 할 정도로 완전한 천수답이 자랑이었고 기름진 밭이 즐비했다. 집집마다 웃음소리는 들릴지언정 싸움하는 소리는 밤낮을 가리지 않고 새나오지 않았다. 간혹 티격태격 하는 일이 있을지라도 그 소리는 담을 넘지 않았다.

장성한 아들이 있는 집안에서는 출가시킬 걱정조차 하지 않았다. 결혼 적령기에 접어든 아들이 있는 집은 어느 가정을 막론하고 이웃동네는 말할 것도 없거니와 도회지에서까지 처녀들을 대동하고 중매쟁이들이 찾아들었다. 마당은 먼지 앉을 새도 없었을 뿐만 아니라 혼사를 두고 들락거리는 사람들로 늘 비좁을 정도였다. 장성한 딸을 둔 집도 사정은 마찬가지였다. 장가를 들겠다고 찾아드는 총각들이 줄을 서기 일쑤였다. 저자거리가 따로 없었다.

무슨 이유로든 마을을 찾아드는 이들이 많았던 것에 비해 빈집은 여간해서 나지 않았다. 창수는 새로 집을 지을까 하는 생각까지 하다가 허가문제 등 복잡하게 얽히고설키는 것이 싫어 수소문을 하던 차 연평 할머니가 도회지에 있는 아들네 집으로 들어가기로 했다는 이야기를 면소재지 사람들에게 듣고 청산리를 찾았다.

"집을 사고파는 기 개인적인 문제이기는 해도 마실 사람들한
    테 이야기는 해야 될 텐데 우짤꼬…."

연평 할머니는 외지 사람에게 집을 팔았다고 마을 사람들로부터 욕을 먹을까봐 걱정부터 했다.

"뭐 하는 분이지예? 식솔들은 어떻게 되고? 뭘 하다가 올라카는 기요? 여서 뭘 해묵고 살라꼬…."

이장이라는 사람은 경계부터 하면서 동네 사람들을 대신해 묻는 것처럼 질문공세를 퍼부었다.

"큰일이네, 큰일이야. 이제 우리 마을도 좋은 시절 다 갔 는갑다. 할매요, 차라리 이 집 내한테 파소."

그 때 옆에 있었던 길만이 이죽거렸다.

"아닙니다. 이 집은 꼭 제가 사야합니다. 이장님이나 동네 분들이 걱정하시는 바는 알겠으나 염려 놓으셔도 됩니다. 이곳의 좋은 땅에서 특수 농작물을 재배하기 위해 군청까지 협조를 받아 놓은 상태입니다. 외지인들이 들어온다고 싫어하는 것은 알겠으나 외지인답게 행동하지 않고 빨리 청산리 사람이 되도록 애쓰겠습니다. 그러니 너그럽게 이해해주시고 이 집을 살 수 있도록 해주십시오."

집 문제가 어렵사리 해결되자 창수는 갖은 애를 다 썼다. 군청에서도 적극적으로 도와준 덕분에 식재료로 많이 찾는 각종 채소류와 과실류를 재배했다. 한쪽에서는 실험적인 재배기술을 다양하게 적용하면서 시험 삼아 새로운 시도를 이어갔다. 마을 사람들은 전통 농법만 고수했다. 논에는 벼며 보리를 심고 밭에는 콩이며 고구마, 감자 등 윗대 조상들이 해오던 대로 고집하면서 창수를 거들떠보지도 않았다. 인상 좋고 마음 따뜻하며 말씨 고운 창수를 경계하거나 업신여기지 않고 무시하지 않은 것만도 성공적인 안착이었다. 창수는 서두르지 않았다.

환경과 기술, 열정이 버무려지니 일 년이 막 지나면서 결과가 나왔다. 그제야 마을 사람들이 창수네 논과 밭이며 집을 들락거리면서 대체작물로 분양해가기 시작했다. 그들도 영역을 점점 넓혀나갔다. 소득도 훨씬 좋아지면서 생활환경도 바뀌었다. 군청에서는 이때다 싶었던지 새로운 작물의 재배를 적극적으로 권장했다. 군청에서는 한술 더 떴다. 연일 군내의 다른 마을 사람들을 불러 모아 품평회를 열고 영농기술을 교육하기에 공을 들였다. 청산리에 새로운 바람이 분 것이다. 창수가 일으킨 바람을 타고 아예 눌러 앉아 살기를 원하는 사람들도 있었다. 길만이 한 말처럼 창수바람이 일었다.


"그렇다고 청산리가 천산리가 돼서는 안 되는데….."
"그건 또 뭔 소린가?"

"원산 아지매가 아들네로 떠나고, 또 누가 마을을 떠날 줄 아나 이 사람아? 그러다가는 외지 사람 천지가 되는 건 아닐지."

"그렇기는 해. 연세들이 많으시니 이제 농사를 지을 수는 없고 하니 아들네네, 딸네네, 찾아가야지 어쩌겠는가?"

"빈집은 자꾸 늘어나고…. 걱정이네, 참말로 걱정이다."

"하지만 너무 걱정하지는 마시게. 외지 사람도 청산리에 들어와서 살면 청산리 사람이 되는 기지. 길만이 자네가 떡 버티고 있는데 뭔 걱정이래. 자네만 있으마 청산리는 끄떡없을 텐데 뭔 딴 소리야…."

"예끼 이 사람아. 시방 날 놀리는 기제?"

길만과 창수는 어깨동무를 한 채 마을회관 창틀에 얼비치는 어르신들의 어깨춤을 바라보며 노랫가락과 간간이 들려오는 추임새를 따라 서로를 쳐다보다가 한바탕 너털웃음을 지었다. 먼 산에 가로막혀 메아리로 되돌아온 그들의 웃음소리는 청산리를 홰홰 떠돌았다.

이원주의

"이원주의는 큰길이니 전문적이며 상대적이고 도회지와 같이 분업적이며 인의仁義가 대립이 되니 자주가 된다. 일원주의는 작은 길이니 겸하며 주종적主從的이고 벽촌僻村과 같이 자급적이며 인의가 겸하여 있어 자주가 되지 않는다. 이원주의에 일원이 있으니 삼권분립 중에도 통솔이 있어 대통령중심제로 통솔하는 것이다. 현대 물질시대는 이원주의를 세워야 한다. 이원주의 종교문宗敎門을 크게 열어서 세우는 것이다."

《실행론》2-7-11

# 29
## 신작로와 수양버드나무

도로공사장과 잇대어 있는 신작로는 끝날 줄 모른 채 이어졌다. 곧게 뻗은 비포장 신작로이기는 했지만 공사장 옆으로 나 있는 임시 도로인데다 워낙 골 깊은 시골길인지라 오가는 차량은 거의 없었다. 주변 경치를 구경할 겸 삼아서 자동차를 천천히 운전하고 있을 때 창희의 눈을 번쩍 뜨이게 한 광경 하나가 있었다. 도로공사를 하고 있는 길 가장자리에 덩그렇게 서있는 아름드리 수양버드나무 한 그루가 눈에 들어온 것이다. 창희는 길옆으로 자동차를 몰았다. 주차를 한 뒤 서둘러 차에서 내렸다. 도로공사를 하고 있다고, 주의하라고 표시해 놓은 경계선을 조심스럽게 넘어 수양버드나무 곁으로 다가선 창희는 놀라움을 금치 못했다.

수양버드나무를 올려다보다가 내려다보고 주변을 한 바퀴 돌아도 보았다. 그야말로 대물이었다. 주변을 두리번거리고 있을 때 5미터 가량 떨어진 곳에 서 있는 표지판이 눈에 띄었다. 수양버드나무가 그곳에 있게 된 까닭과 고속도로 공사로 졸지에 사라진 한 마을에 얽힌 이야기를 주절주절 담고 있는 표지판이었다.

수양버드나무는 마을 가운데 있던 넓은 공터를 지켜온 오백 년 된 나무라 했다. 마을은 50여 가구가 옹기종기 모여 살며 큰소리 한 번 마을 밖으로 나가지 않았을 정도로 조용한 동네였다. 집성촌이었던지라 이웃이 모두 일가친척이었기에 내 집, 네 집이 따로 없었다. 콩밭에 돋아난 수숫대처럼 한둘 섞여 있는 다른 성을 가진 이웃들도 초록동색이라는 말처럼 나이에 따라 형님, 아우, 아주머니, 아저씨 하면서 자연스럽게 어울리고 지냈다. 인심 좋은 사람들을 닮아 마을의 지형도 모난 데가 없었다. 줄지어 날아가는 기러기처럼 집과 집은 앞뒤를 마주하거나 옆구리에 서로 잇대어 구불구불 이어져 있었다. 미꾸라지가 헤엄치듯이 멋 부리는 바 없는, 굽이굽이 휘어져 있는 마을길은 옆을 흐르는 실개천과 짝하며 천하제일의 곡선미를 자랑했다. 오백년 된 수양버드나무도 그곳 사람들을 닮아서 부끄러운 듯 몸을 꼬고서는 대대로 농사를 지으며 살아온 마을 사람들에게 너른 품을 내주었다. 논이며 밭에 지천으로 널려 있는 곡식을 익히기 위해 태양이 작열할 때면 시원한 그늘을 만들어주고, 농작물의 목이라도 축여줄 겸해서 내리는 굵은 빗방울이 쏟아질 때면 우산이 되어주기도 했다.

마을 한 가운데 있었던 수양버드나무가 새로 닦여진 길 가장
자리일지나마 그곳에 그대로 남아 있다는 것이 의아하게 생각된
것은 아니었다. 오히려 보호수처럼 관리를 받으며 잘 보존돼 오
고 있다는데 놀랄 따름이었다. 마을 전체가 수몰지구로 지정돼
이주하는 경우는 봤어도 길을 넓혀 고속도로를 내고 경지정리를
하면서 마을을 통째로 이주시킨 경우는 드문 일이 아닌가 싶었
다. 아시안 하이웨이 길목이라는 말에 마을 사람들 중 어느 누구
하나 토를 달지 않았다는 이야기도 덧붙여 있었다. 누가 설득을
하고, 설득 당하는 논리가 아니라 이주해야 하지 않을까 라는 말
이 도는 순간 단박에 모든 것이 정리됐던 모양이다. 순박하기 그
지없는 마을 사람들의 넉넉한 인심을 그대로 드러내 보여준 것이
다. 그 바람에 마을은 이주를 한 곳에서 새로 단장되고 살림살이
는 넉넉해졌으며 논과 밭은 경지정리가 돼 반듯하고도 넓어졌다.
　　진행 중인 공사가 완료되면 아시아 32개국을 횡단하는 14만
킬로미터에 달하는 거대한 고속도로망이 연결되게 된다니 벅찬
감동으로 다가오기까지 했다. 눈을 들어 도로공사가 진행되고 있
는 양쪽 길을 번갈아 가며 쳐다보았다. 끝이 어디쯤인지 가늠할
수조차 없을 정도로 공사 중인 도로는 한없이 곧게 뻗어 있었다.
창희는 머지않아 꼬리에 꼬리를 물고 아시안 하이웨이를 질주할
차량행렬을 떠올려 보았다. 국가 간 경계가 사라지면서 대륙으로,
대륙으로 이어지고 연결될 대동맥이 살아 꿈틀거리는듯하면서
온몸에 전율이 이는 것을 느꼈다.

사람의 몸도 마찬가지일 것이라는 생각이 든 것은 그 때였다. 고속도로를 질주하는 차량행렬 마냥 사람도 건강하기 위해서는 몸 속에 맑은 피가 세차게 흘러야 한다. 혈관이 막힘없고 깨끗해야 하는 것은 당연한 것처럼…. 탁 트인 넓은 길을 보니 옹졸했던 마음은 싹 사라지고 어느새 넉넉해진 기분이 들었다. 막힘이 없고 걸림이 없으면 사람과 사람의 관계도 신작로를 질주하는 자동차가 속력을 잘 내는 것과 같이 시원해지지 않을까 하는 속짐작을 했다. 소통에 있어서도 마찬가지일 것이라는 생각을 하게 된 것은 억지가 아니다. 배려할 줄 아는 넓고 큰마음으로 상대를 대한다면 비교적 짧은 순간에도 얼마든지 의기투합할 수 있을 것이라고 미루어 짐작됐다. 많은 말이 필요하지도 않을 것이다. 눈빛만으로도 얼마든지 서로의 속마음을 헤아리고 관심사를 확인하며 손발을 맞출 수 있는 법. 삐걱거리고 지리멸렬한 협상은 서로가 좀체 속내를 드러내 보이지 않으면서 원하는 바만 좇아 고집을 피우기 때문이다. 설사 속내를 드러내 보이기까지는 한다고 하더라도 바라는 바가 다르고 견해차가 커 일치된 합의를 볼 수 없기 때문이다. 안개 낀 오솔길에서 하는 숨바꼭질에 다름 아닐 것이기에 그럴 수밖에 없다.

신작로 협상. 창희는 직업병이 도지는 것을 직감했다. 사람을 대하고 그 사람이 가진 마음을 읽고 나서 회사의 방침대로 상대방의 마음을 움직여 회사가 원하는 대로 협상을 이끌어가야 하는 상담역이었다. 말이 좋아서 상담역이지 사실은 해결사에 다름 아니었다. 상담역이건 해결사건 상대의 관심사를 해결해 줄 일이나 도움을 줄 일은 언제나 쉬 결정됐다. 밀치고 당기고 옥신각신할 필요가 없었다. 그러나 회사 쪽에서 이득을 챙겨야 할 일이거나 상대 쪽에서 손해를 감수해야할 일은 거칠고 지루한 협상을 해야 하기 마련이다. 이익을 둘러싸고 손해를 볼 사람은 없기 때문이다. 어려운 협상이 될 것이라고 예상됐던 경우도 예외는 있었다. 회사 쪽이거나 상대 쪽이거나 한 쪽의 마음이 열려 있을 때는 어렵지 않게 협상이 성사되는 경우도 간혹 있다. 마음이 통하면 모든 것이 쉬운 법을 터득한 것은 그리 오래된 일이 아니다.

마음이 통한다는 것은 서로를 믿고 서로를 의탁한다는 말과도 어울린다. 아무리 어려운 일이라도 쉬 풀어갈 수 있는 힘이 그 속에는 있다. 믿고 의탁한다는 것은 무엇이든지 상대에게 내 줄 수 있다는 자세이기도 하다. 마음이 모든 것이고, 마음이 전부라는 말도 이 뜻에서 벗어나지 않는 이야기일 것이다. 마을을 옮기고 신작로를 내 아시안 하이웨이를 닦을 수 있도록 전부를 내 준 마을 사람들의 너른 마음 바탕도 그랬을 것이다. 마을 사람들의 믿음과 오백년 된 수양버드나무의 묵묵한 의탁이 있었기 때문에 가능한 일이었다는 것은 두말할 필요가 없다. 소중하게 보듬어 왔던 자리를 아무 말 없이 내줄 수 있는 넉넉함이 새로운 창조를 위한 자산으로 이용될 수 있다. 고속도로 가장자리를 지키며 다시 숫한 세월을 견뎌야 할 수양버드나무의 무게가 염려되지 않은 바는 아니지만 말이다.

창희는 오백년 된 수양버드나무를 오래도록 올려다보다가 발길을 돌렸다. 자동차를 출발시켜 쭉 뻗은 신작로를 한참 동안 달렸다. 끝없이 이어진 아시안 하이웨이가 될 신작로마냥 넓고 긴 생각을 하며 모처럼 맞이한 혼자만의 드라이버를 즐길 수 있었다. 무작정 찾았던 한 시골 마을의 신작로를 만난 즐거움이었다.

《실행론》으로 배우는 마음공부 ㉙

선후본말 ①

"마음은 곧 부처요, 부처는 곧 마음이므로 불법은 마음의 법이다. 불법은 체요, 세간법은 그림자가 되어서 체가 곧으면 그림자도 곧고 체가 굽으면 그림자도 굽는다. 내가 과거에 지었던 모든 악업은 다 어리석어 탐하고 성냄으로 말미암아 뜻과 입과 몸으로써 지었던 것이다. 그러므로 과거에 죄를 짓던 그 마음을 없애고, 현재에 죄를 짓는 그 마음을 없애고, 미래에 죄를 지을 그 마음을 끊어 없애면 과거 현재 미래의 죄업도 따라서 소멸되고 없어진다. 그러므로 마음이 멸할 때는 죄도 함께 멸한다."

《실행론》2-8-1

# 30
## 무지개를 기다리며

앙증맞은 굴착기의 몸놀림은 경쾌했다. 위에 올라앉아 탄 사람이 기계보다 더 커 보일 정도로 굴착기는 크기가 작아 장난감이 움직이는 것처럼 보이기까지 했다. 처음 그 광경을 본 방문자들은 누구나 웃음부터 터트렸다.

"이래 봬도 이 놈이 힘 하나는 끝내줍니다. 제가 다루기에도
 안성맞춤이고요."

굴착기 위에 올라앉아 운전을 하다가 방문객을 맞이하기 위해 서둘러 시동을 끄고 집 안마당으로 내려선 한 사장은 굴착기 자랑으로 너스레부터 떨었다.

100여 평은 될법한 집 안마당 가장자리에는 횟가루로 한반도 형상을 그린 흰 선이 그어져 있었다. 흰 선을 경계로 도별로 영역을 나눈 곳에는 각종 구조물들로 반 정도가 채워져 있었다. 구조물 가운데는 건물도 있고 동물을 형상화 한 것도 있다. 나무와 꽃들로 장식된 정원도 있으며 연꽃이 화려하게 핀 연못까지 갖추어져 있다.

　　"저것은 뭐예요?"

　　방문자 중 모자를 눌러쓰고 스카프를 두른 한 여인이 굴착기가 멈춰서 있는 곳을 손가락으로 가리키며 물었다. 봉긋하게 솟은 산봉우리 같기도 하고 약간의 간격을 두고 두 개가 나란히 솟아올라 있어 마이산 봉우리를 연상케도 한 것이었다.

　　"동굴을 만들고 있습니다. 극락과 지옥 동굴 말입니다. 오른쪽은 극락 동굴이고, 왼쪽은 지옥 동굴입니다. 지금 입구 공사를 하고 있습니다. 극락이 됐건 지옥이 됐건 각 단계를 거쳐서 동굴 중앙에 이르면 만나도록 만듭니다. 궁극적으로는 극락이든 지옥이든 같은 곳이거든요. 누구나 자기가 짓고 심은 대로 받게 되는 인과응보이기는 하지만 마음가짐을 어떻게 가지느냐에 따라 스스로 지옥도 만들고 극락도 만드는 이치 아닙니까. 지금 이 순간 근심걱정 없이 마음 편하고 어디에도 걸림이 없으면 그 자리가 극락이지요. 여사님은 지금 어디에 계신가요? 극락에 계시지요."

"언제 완성 돼요?"

"이 삼일 후면 다됩니다. 그런데 들어가서 볼 수 있는 것은 아닌데…. 축소된 모형이라서…."

"안으로 들어가시죠. 차를 한 잔 하면서 극락 동굴과 지옥 동굴 안을 어떻게 꾸밀지 구상해 놓은 설계도를 보여드리지요. 세계 어디에도 없는 구조물이고 독특한 테마파크가 될 것입니다. 보시고 너무 놀라지는 마십시오. 허허."

한 사장이 굴착기를 부지런히 움직여 가면서 심혈을 기울이고 있는 것은 100분의 1로 축소시킨 모형 힐링 테마파크를 조성하는 작업이다. 크기가 작은 미니어처이기는 하나 재료를 사들여 모형을 만들고 땅을 일구는 자금만 해도 적은 돈은 아니다. 하나 그쯤이야 눈곱만큼의 걱정도 하지 않았다. 한 사장이 그동안 모아온 자금으로 평생의 소원이었던 테마파크를 조성하겠다는 계획을 세운 것은 벌써 여러 해 전의 일이다.

머릿속 구상을 끄집어내 학생들이 쓰는 스케치북에 그림으로 그려서 주변의 아는 몇 사람에게 보여주자 반응이 뜨거웠다. 첫 반응은 그렇게 좋았으나 이내 시큰둥해 했다. 구상은 좋은데 구체적인 설계도라도 있어야 사람들의 호감을 이끌어낼 수 있지 않을까 하는 이야기들을 쏟아냈다. 혼자서 할 일은 아니고 투자자를 모아야 할 일이라면 더더욱 필요하고 최우선적으로 해야 할 일이라고 훈수를 두었다. 한 사장은 당장 설계사무소를 찾아가 스케치북에 있는 그림을 보여주며 구상을 설명하고 설계를 의뢰했다. 설계도가 완성되자 설계사는 3D 조감도까지 만들어야 완성품이 될 것이라는 말을 슬그머니 끄집어냈다. 한 사장은 그 자리에서 조감도까지 의뢰했다. 조감도가 완성되자 한 사장은 기대감에 들떠 만면에 미소를 한껏 피워 올리며 집 안마당에 구조물을 세우고 조감도를 번듯하게 내걸었다. 마침 방문객이 하나, 둘 찾아오기 시작했다. 한 사장은 기대에 부풀어 온갖 미사여구를 동원해가면서 테마파크를 조성했을 때의 수익성을 장담하면서 열변을 토했다. 조감도를 구경하러 왔던 사람들은 모형을 만들어 전시하는 것이 더 효과적이겠다는 말들을 한 마디씩 툭툭 내뱉었다. 그 말끝에 한 사장은 눈대중으로 마당을 재단하고 굴착기부터 장만할 계획을 세웠다.

조감도가 내 걸리고 모형의 건축물과 구조물, 동식물들이 하나 둘씩 집 안마당에 자리를 잡으면서 테마파크는 그럴듯하게 모양새를 갖추어가고 있었다. 절반 정도가 완성되긴 했지만 전체적인 모양을 갖추는데도 불과 한 달여가 채 안 걸릴 정도로 속도감이 났다. 하루빨리 일을 마치고 완성된 작품을 방문자들에게 보여주고 싶어 밤낮을 가리지 않고 굴착기 위에 올라앉는 한 사장의 급한 성정 때문에 미니어처 테마파크는 예상되는 한 달보다도 훨씬 더 일찍 마무리될 듯했다.

한 사장이 테마파크에 열을 올렸던 것은 다른 여느 테마파크와 차별화를 시켜줄 주인공격인 조각 작품 하나가 미술대전에서 입상작으로 선정되고 나서였다. 그 소식을 알고 테마파크를 운영하고 있던 한 업체에서 거액을 걸고 독점하겠다며 한정생산을 제안해 오면서부터다. 그 제안을 받고 나서 한 사장은 자신이 테마파크를 만들어 특수를 누리겠다는 생각을 하게 된 것이다. 계산 빠르고 세속 물정에 밝은 한 사장으로서야 당연히 가질 수 있는 야망이었다. 테마파크를 운영하는 곳에서 선뜻 제의가 있었다는 것은 그만큼 가시적인 효과를 기대할 수 있다고 증명해주는 것에 다름 아니라는 생각이 한 사장을 충동한 것이다.

굴착기로 땅을 헤집는 공사가 시작되면서 전단지가 만들어지고, 보름 여간 길거리를 돌며 전단지를 나누어 줄 인부도 채용됐다. 테마파크 직원이 된 것처럼 그들은 모두 자기 일 마냥 열심히 뛰었다. 땅에서는 굴착기 움직이는 소리가 끊이지 않았고, 길거리를 돌며 전단지를 나누어주는 인부들까지 집안을 번잡하게 오가면서 한 사장의 계획은 일사천리로 진행되는 듯싶었다. 방문자들도 꾸준히 이어지기는 했지만 투자신청서는 한 장도 쌓이지 않았다.

무지갯빛 테마파크에 먹구름이 드리운 것은 전단지를 돌리던 인부들부터였다. 테마파크가 조성되면 일자리를 보장받는다는 밀약 속에 열심히 뛰었던 인부들이 열흘씩 끊어서 임금을 지급하기로 했던 첫 번째 수당이 손에 쥐어지지 않자 길거리로 나가는 대신 굴착기 위로 올라갔던 것이다. 한 사장은 그동안의 약속은 없었던 것으로 하자며 대부업체로부터 긴급자금을 빌려 그들의 임금을 청산하고 내쫓아버렸다.

"사장님 혼자 공사를 하시나 봐요."
"투자자가 생기면 그들이 모두 한 식구가 될 텐데요 뭘. 그때
는 식구가 많아지겠지요. 허허."
"구경 잘 했습니다."
"한 달 뒤에 오시면 완성된 테마파크를 보실 수 있습니다. 그
때 꼭 들러주시죠. 빨리 완성해 놓겠습니다."

고급 승용차를 타고 대답 없이 집 안마당을 빠져나가는 일행들을 물끄러미 쳐다보던 한 사장은 폴폴 날리는 먼지를 고스란히 덮어쓰고서는 움직임 없이 서있는 굴착기를 물끄러미 내려다보았다. 무지개는 한 줄기 비가 쏟아지고 난 뒤에 나타나기에…. 한 사장은 흙먼지를 이고 땅바닥을 자리 삼아 집 안마당에 풀썩 주저앉았다. 하늘은 쨍쨍하게 맑기만 했다.

《실행론》으로 배우는 마음공부 **30**

선후본말 ②

"농사짓는 사람이 농장보다 집을 크게 지으면 망하게 되니 이것은 본
말本末을 세우지 못한 까닭이다. 아들딸을 생각함에도 마찬가지이니 출
가한 딸을 너무 생각함도 그와 같다. 본本으로써 말末을 바룬다는 것은
안에서 밖으로 바루는 것이니 마음을 고쳐 눈 귀 코 혀 몸을 바르게 하
며 하나로써 열을 바르게 하는 것을 말한다. 시어머니로부터 며느리로
바루는 것이며 며느리로부터 시어머니로 가는 길은 난행難行이다. 그러
므로 육바라밀의 길로 가는 것이 정도이며 가르침의 중심이 된다."

《실행론》2-8-2

## 정유제

경상북도 성주군 용암면에서 태어났습니다. 영남대학교 국어국문학과를 졸업하고 대한불교신문, 부산경제신문, 부산매일신문 기자를 거쳐 밀교신문 편집국장과 주필, 소셜네트워크(SNS) JPM국장을 지냈습니다. 밀교신문 편집국장으로 있을 때 한국종교언론인협의회 대표의장을 맡아 종교간 대화와 화합을 위해서도 정진했습니다. 도서출판진각종해인행 주간을 거쳐 대한불교진각종 통리원 기획실 연설문담당 기획위원으로 있습니다. 2010년 계간 종합문예지 시에(시와에세이) 신인상을 수상하며 소설가로서의 작품 활동을 시작했습니다. 2016년 월간 자성동이 주최 제1회 불교동화 공모전에 당선됐습니다. 저서로는《자성 찾는 아이들》(도서출판진각종해인행, 공저),《가까이, 마음 가운데》(두손모음),《그나마, 다행?》(올리브그린) 등이 있습니다.

질리지 않는
진리 이야기 **2**

《실행론》으로 풀어 쓴 짧은 소설

# 마음, 놓다

초판 1쇄   2020년 10월 30일

지은이   정유제
펴낸이   대한불교진각종
펴낸곳   도서출판진각종해인행
디자인   올리브그린

가격   15,000원

ISBN 978-89-89228-76-9  04220
ISBN 978-89-89228-70-7 (세트)